数字金融

金融行业的智能化转型

金 天　杨 芳　张夏明　著

電子工業出版社
Publishing House of Electronics Industry
北京•BEIJING

推荐序

数字经济，未来已来

中国经济正处于转型变革的大时代，新经济、新技术、新产业层出不穷。我曾尝试用“新 5%比旧 8%好”“经济 L 形”“新周期”等观点，阐释中国新一轮改革开放、宏观政策环境的变化。百年未有之大变局，也是百年未有之大机遇。无论实体经济还是资本市场，只有创新变革，才能创造财富，抓住时代的机遇。

新一轮科技革命方兴未艾，正成为中国经济发展的关键驱动力。根据国家发展改革委的数据，近几年，中国的数字经济总量年均增长达 20%。从目前看，产业数字化、数字产业化所涵盖的数字经济，在中国国民经济中的比重已经达到 1/3；从未来看，今后 5 年，全球最好的投资机会在中国，数字经济是其中的重要方面。中国过去长期积累的人口红利正在快速转化为人才红利，这为数字经济新模式、新业态的蓬勃发展提供了得天独厚的优势条件。坚持我们自己的发展道路，用好数字经济发展的新动能，未来，中国经济将面貌一新，生机勃勃。

智慧金融，时不我待

金融是“国之重器”，国民经济的发展离不开金融的支持。过去数年中，金融与科技深度融合已经演化为全球趋势，极大地改变了金融服务的市场格局。对金融行业而言，金融数字化和金融科技的发展既关系金融供给侧结构性改革的深化，也影响国民经济，特别是数字经济的发展进程。伴随人工智能、区块链、大数据、云计算及物联网等技术渗透投资决策、风险定价、资产配置等环节，金融服务的方式和逻辑也发生了深刻变化，对传统金融机构和多年沿袭的监管方式提出新的课题，为金融科技领域的全球竞争带来更多挑战。

2020年是金融科技发展的重要分水岭，如果说上半场的关键词是“巨头崛起”“创新商业模式”“速度扩张为王”，那么下半场的关键词则是“重建规则”“靠硬实力取胜”“高质量发展”。我们应当看到，金融行业数字化、智慧化变革的长期趋势不容置疑，在面对当前“强监管”考验的同时，未来包容审慎仍将是长期基调，鼓励创新与防范风险并行不悖。我们乐于看到这样一种局面，那就是市场主体更加多元化，相互合作大于相互竞争，行业生态日趋健康、规范，持续推动金融机构迭代商业模式，在服务实体经济、做好普惠金融、提高科技硬实力方面精准发力，为各行业加速数字化变革、寻求先机带来突破。“为改革鼓呼，为民生请命”，这是我们对金融行业的希冀，也是这一代金融人应当具有的情怀、温度和格调。

以梦为马，不负韶华

“金融为民、科技向善”，这是我们这一代学者和市场工作者在长期研究、实践过程中的使命担当、自我要求，也是我们对更多年轻朋友的期待。知识既能创造物质财富，也能创造精神财富，这需要有识之士们共同努力，把最简单、朴素的知识转化成经世济民的道理、革故鼎新的力量。

我很欣慰地看到，在金融行业和金融科技领域，越来越多的年轻人正在为旧有业态注入新鲜血液，并愿意总结、分享他们在工作中形成的思考和建议。本书的几位作者都曾在头部互联网科技机构从事过研究工作，相信以他们的视角进行观察，能为广大读者提供一些来自行业前沿实践的感悟和启示。我诚挚期待，我们都能以更加年轻的心态投身市场和行业研究，保持对学习、工作和生活的热爱与激情。

时代是出卷人，我们是答卷人、是奋斗者、是追梦人。拥抱新经济，拥抱新未来。以梦为马，不负韶华。

任泽平

经济学家

2021 年 8 月

序 言

金融行业转型升级正由理念化为行动

金融行业拥抱数字化发展，既是顺应数字经济时代宏观市场环境、客户需求变化的当务之急，也是在我国经济高质量发展过程中推动自身降本增效和提升服务实体产业能力的大势所趋。过去数年来，金融服务从以营业网点为代表的物理形态逐步走向电子化、网络化和一定程度的智能化，在数字化发展的广度和深度上都取得了长足进步，但与个人客户、小微企业等日益增强的数字化服务需求相比，尚有明显差距。

一、数据资产的价值贡献仍待激发

数据是数字经济时代的关键生产要素，数据智能是金融行业丰富客户洞察、改进产品服务、重塑经营模式的重要基础和有效工具。在当前的行业实践中，金融机构沉淀的数据资产价值尚未得到充分挖掘和利用，突出表现在如下几个方面。

首先，数据质量有待提升。传统金融机构掌握的数据往往是片面的（侧重于资产和交易等金融属性数据）、静态的（侧重于时点数据），既难以交叉验证，也难以准确预测，无法形成完整的、覆盖全生命周期的客户画像。

其次，不同来源数据的采集、存储、挖掘、应用等分散于不同机构，甚至分属于同一机构的不同部门、条线、业务板块，口径不一，管理多头，难以在数据驱动业务增长的过程中形成合力。

最后，金融机构与外部场景机构、互联网科技机构等市场主体间的数据智能共享机制很不通畅。它们或是在缺乏客户充分授权的前提下违规交互，甚至倒卖客户信息；或是各自闭门造车，没有发挥数据资产在智能获客、智能风控、智能客户管理等方面的应有作用。

二、数字化转型战略存在落地障碍

金融行业和金融机构的数字化发展需要顶层设计与战略支撑。尽管一些机构很早就提出数字化转型的目标愿景，但在实际落地过程中步伐缓慢，效果不尽如人意，这在中小金融机构当中表现得尤为明显。

首先，“不想转”。一些中小金融机构只想获取增量，不想变革存量，它们把数字化转型简单地理解为拓展线上渠道、接入外部场景，在自身经营发展的体制机制、行为模式上无所作为。

其次，“不敢转”。特别是在投入产出预期不明确的情况下不敢增大资源投入，一些中小金融机构依赖复制大型机构的成熟经验，甚至直接复制市场上的已有产品和服务模式，数字化转型缺乏主观能动性。

最后，“不会转”。比如，一些中小金融机构把数字化转型的目标任务指派给某一个特定部门。这样的部门既无组织、人才、考核激励等方面的资源倾斜，也无系统、数据等方面的必要支撑，造成数字化转型推进乏力。个别指标在执行中只看量化数字、不重实际成效，导致形式大于内容。

三、金融服务尚未形成充分的网络协同效应

在数字经济时代，金融服务具有强场景化、实时化特征。金融产品要想满足客户随时随地的服务需求，就需要与电商、餐饮、出

行、娱乐、教育、本地生活等外部场景及服务机构之间形成密切的业务连接，以此达成多方合作共赢。但是在行业实践中，此类合作更多流于表面，在合作深度、形式上还需要进一步探索。

首先，在获客引流、客户权益提供等方面合作较多，但在产品设计、运营管理等方面的合作几乎没有。

其次，联合风控实际上仍较割裂，或是直接沿袭金融机构在传统业务中的风控思路、风控模型，或是由外部合作机构自行把控客户质量，没有通过多方合作更好地挖掘不同场景和渠道客户在特征、需求、风险表现上的共性和差异。

最后，跨机构的客户服务体系也没有真正打通。一些参与机构仅仅提供了品牌形象，另一些参与机构也仅提供了展业资质，客户多渠道、端到端的服务体验仍未真正统一起来。相应地，客户的平台黏性和潜在价值挖掘也就无法得到有效保障。

我们应当承认，金融行业数字化发展需要各方合力、久久为功。上述困难与挑战，既是行业发展的突出问题，也应该是各方参与者进行战略突破和实现优化迭代的重要方向。正视需求痛点，坚持问题导向，加速转型升级，金融行业数字化发展仍大有可为。在这一过程中，数字科技赋能将扮演无法替代的重要角色。

第一，在机构层面，充分发挥数字科技的作用，帮助金融机构破解集约资本、扩大产能的难题。通过改变传统作业模式，各金融机构可以实现在获客、风控、运营管理等全流程上的降本增效。

首先，降低获客成本。这不仅指拓展更加轻型的线上化、数字化、开放式获客渠道，减少不必要的渠道建设、运维和营销投入，也指根据客群需求定制差异化的产品解决方案，形成以客户为中心、以场景为落点、以产品平台为支撑的多种跨界联盟，使其金融服务能力覆盖更加广泛的长尾人群，从而减少市场断层和流量漏损。

其次，降低风控成本。通过搭建数据中台，提供从数据获取、治理、分析到应用的一揽子服务，做好基于需求洞察、行为预测的客户深度经营和全面风险管理。比如，在信贷审批和风险管理中引入海量非结构化数据，建立智能风控模型，加深风险定价精细化程度和提高信贷审批效率，缓解风险管理中对抵质押物的依赖，从而提升信贷资产的管理效率，创造更多收入，减少资金损失。

最后，降低中后台运营成本。通过建设数字化后台运营系统，压缩资料审查、流程管控、数据管理、系统建设等过程中的人员投入，释放更多人员效能。数字科技输出大量分布式组件，还可充分赋能金融机构，根据运营管理中的实际需求灵活对接、转换，实现自主可控与无缝集成，更好地复制行业内和行业外长期形成的实战经验。

第二，在行业层面，充分发挥数字科技的作用，帮助金融市场破解高频交互、有效协同的难题。通过构建高效的金融科技操作系统，提升市场运行效率，助力防范和化解风险。

首先，建立健全行业数据平台，推动金融市场数据交互的实时化、规范化。保证市场中的各个主体均可快速识别、采信和解析各类数据，减少因为数据支撑不足造成的决策延误和判断失误。

其次，构筑多市场、跨资产的统一交易计算平台，强化数据预测和量化决策能力。特别是将数据挖掘成果广泛应用于包括智能资产管理、智能运营管理、智能风险管理、智能客服等在内的多种复合场景，以降低局部市场、个别机构在数字化发展过程中的开发、运营难度和成本，更好地实现业务价值。

最后，以开放交互的行业数据为基础，强化覆盖投前、投中、投后全流程的信用风险管理能力，强化覆盖多因子的市场风险管理能力，强化全方位的合规风险管理能力。全面助力金融机构做好业务决策，动态把握信贷和投资风险，实现金融市场风险水平整体稳定可控。

第三，在全市场层面，充分发挥数字科技的作用，帮助金融行业破解对实体经济有效服务不足的难题。通过构建外部开放生态、扎根市场主体需求、赋能产业链条合作，为市场主体提供更加健康、可持续的金融服务。

首先，加强金融机构在支付领域与公共服务机构、互联网各科技机构等的合作。这有利于解决跨场景、终端等支付痛点，优化客户体验，帮助客户实现线上、线下消费，利用其他碎片化场景使用、消费金融产品，以促成合作生态内的场景流量转化，为延伸金融服务半径创造有利条件。

其次，金融机构加深与各类场景化服务机构的合作，有利于更好地整合同行业及跨界资源，完善客户成长体系，促成精准营销，维系和提升客户忠诚度、活跃度与贡献度，在更加去中心化的开放生态中达成各方共赢。

最后，金融机构加大对区块链等数字科技的应用转化，有利于在供应链金融、贸易融资、贷后管理等服务领域中提供技术支持，推动各行各业中不同主体之间建立低成本信任、高效率协同的关系，在优化业务流程、扩大信用传递方面产生更多长期价值。

我们欣慰地看到，在数字科技赋能下，金融行业转型升级正在由理念化为行动，惠及更多的金融服务对象和金融市场参与者。我们认为金融行业数字化发展既不能“揠苗助长”，也不能“因噎废食”。在数字化发展的理念和原则上，应当坚持以客户为中心，切实提升金融对实体经济和居民生活的服务能力；在数字化发展的具体方式和路径选择上，不妨合理借助科技公司等外力、外脑，激活金融机构的内部生态，实现金融机构数字化发展能力的长足进步。

《数字金融》一书是我们近年来直接从事相关行业的实践经验总结，也是对金融行业数字化发展深入观察和思考的总结。我们期望，能以此书的出版为契机，与从事或关注金融行业数字化变革的朋友们加强交流和探讨，在更高水平和更大范围上促进生产要素优化整合、市场主体高效协同，助力金融行业打造增长的“第二曲线”。

作者

2021 年 8 月

目录 Contents

第一章

行业谋变

当前，中国经济已从高速增长阶段转向高质量发展阶段。以新一代技术为支撑的数字经济正在为推动经济转型升级发挥积极作用，这有效带动了生产力的提升和生产关系的调整，极大地改变了中国传统经济版图，并启动了转型发展的新引擎。在未来 5 年、10 年甚至更长时间，数字化将是生活、生产和治理的变革方向。在宏观经济形势更加复杂、行业竞争持续加剧、技术创新应用不断加快的大环境下，以金融为代表的各行各业加快了数字化转型步伐。金融数字化发展既是竞争加剧下的应对之举，也是未来金融高质量发展的必经之路。

第一节　打造数字经济新优势

近年来，中国经济已由高速增长阶段转向高质量发展阶段。在传统生产要素支撑经济发展的边际效应递减的背景下，如何实现新旧动能转换，是当前经济发展的核心问题。在此新形势下，以新一代技术为支撑的数字经济在推动经济转型升级方面，发挥了积极作用。数字经济有效带动了生产力的提升和生产关系的调整，并助力了中国经济质量变革、效率变革和动力变革，极大地改变了中国传统经济版图，启动了转型发展的新引擎。“十四五”规划提出，全面加快数字化发展，数字化转型是生产生活和治理的主要变革方式，到2025年，数字经济核心产业增加值所占GDP[1]比重将提高到10%。作为数字经济的主攻方向，未来应着力从战略、技术、数据要素、数字治理、政企合作等方面积极推动产业数字化，打造数字经济新高地。

一、数字经济启动中国经济转型新引擎

2020年是历史上极不平凡的一年。面对复杂严峻的国内外环境，

1 GDP：即国内生产总值，是一个国家（或地区）所有常住单位在一定时期内生产活动的最终成果。

中国“十三五”规划圆满收官，成为2020年全球唯一实现经济正增长的主要经济体。中国经济能“逆流而上”保持正增长，与数字经济日益发挥的经济效用紧密相关。

数字经济指直接或间接利用数据来引导资源发挥作用，推动生产力发展的经济形态。在技术层面，其包括大数据、云计算、物联网、区块链、人工智能、5G等新兴技术；在应用层面，则包括在线教育、在线医疗、在线购物等新消费业态。

过去几十年，劳动、土地和资本等生产要素推动了中国经济快速发展，中国从封闭的农业国跃升为全球最大的工业制造国之一。中国城市化水平快速提升，2020年，中国常住人口城镇化率已达到63.89%。然而，随着投资回报率大幅下降、人口红利减少、资源利用率下降、环境污染成本上升等问题凸显，依靠传统生产要素驱动的劳动密集型、粗放型经济增长方式的边际效应正在递减，经济增长放缓。数据显示，2010—2020年，中国GDP增速持续下行，从10.6%逐步回落至2.3%，下降了8.3个百分点，而此前十年则基本维持在两位数以上的增长速度。这表明传统增长模式已很难支撑未来中国经济转型和发展。

在新形势下，破解土地、资本、人力要素瓶颈的关键在创新。知识、技术、管理和数据等形成全要素生产率的投入要素，对生产力发展的作用愈益显著。我们应从过去过度依赖劳动、土地和资本的模式中跳脱出来，积极发挥数据等要素的作用，推动建立技术密集型的新增长模式。党的十九大报告提出“提高全要素生产率”的要求。党的十九届四中全会还首次把“数据”增列为生产要素，提出健全劳动、资本、土地、知识、技术、管理、数据等生产要素由市场评价贡献、按贡献决定报酬的机制。

数据作为数字经济的底座，直接孕育和推动了数字经济的快速发展。此外，云计算、人工智能、区块链、物联网等新一代数字技术与实体经济加速融合，为新产业、新模式带来无限可能，使数字经济得以蓬勃发展。数字经济有效带动了生产力的提升和生产关系的调整，助力了中国经济质量变革、效率变革、动力变革，极大地改变了中国传统经济版图，启动了转型发展新引擎。当前，中国经济已由高速增长阶段转向高质量发展阶段，正处在转变发展方式、优化经济结构、转换增长动力的攻关期，这也为数字经济与实体经济融合发展提供了重大机遇[1]。

特别是 2020 年以来，数字化进程加快，线上线下加速融合，新业态、新模式迸发，推动了数字经济高速发展。在政务、金融、教育等公共服务领域广泛推行“非接触式”服务，推行智能生产、远程办公、在线消费等数字化生产和生活方式，这吹响了传统经济数字化转型的冲锋号。据国家统计局消息，2020 年，全年社会消费品零售总额为 391981 亿元，同比下降 3.9%，网络销售持续保持逆势增长，全年全国网上零售额为 117601 亿元，同比增长 10.9%。

国家有关部门出台了多项相关政策措施，鼓励大力发展数字经济，从中央层面到地方全面推进数字经济的基础设施投资，即“新基建”。根据中国银行研究院的测算，2020 年新基建的七大重点领域投资总规模约为 1.2 万亿元。5G、人工智能、大数据、工业互联网、区块链等新型基础设施将技术转化为生产力，带动产业链上下游协同发展，培育壮大新型消费模式，为经济社会秩序恢复提供了保障，为中国经济增添新动能创造了积极条件。

数字经济规模快速扩张，极大地改变了中国国民经济结构，提

1 国家工业信息安全发展研究中心发布的《2019—2020 数字经济发展报告（2020 版）》。

升了国民经济发展效率。中国信息通信研究院数据显示，2019 年中国数字经济增加值规模达到 35.8 万亿元，占 GDP 比重达到 36.2%，按照可比口径计算，2019 年中国数字经济名义增长 15.6%，高出同期 GDP 名义增速约 7.85 个百分点。数字经济吸纳就业能力也显著提升，2018 年中国数字经济领域就业岗位达到 1.91 亿个，占当年总就业人数的 24.6%，同比增长 11.5%，高于同期全国总就业规模增速。2014—2019 年，数字经济对 GDP 增长的贡献率始终保持在 50%以上，已成为驱动中国经济高质量发展的核心力量。从全球来看，2018 年，全球 47 个国家数字经济总规模超过 30.2 万亿美元，占 GDP 比重高达 40.3%。7 个国家的数字经济规模超过 1 万亿美元，其中美国蝉联全球第一，达到 12.34 万亿美元。中国保持第二大数字经济体的地位，规模达到 4.73 万亿美元。

数字经济有利于驱动中国经济转型升级，突破制造业大而不强的发展瓶颈；有利于带动中国经济提高科技成色，增强自主创新能力；有利于启动第四次工业革命，培育经济新增长点。中国应发挥自身数字经济优势，加快产业转型升级，形成新兴产业集群优势，推动对外开放，提升国际竞争力。

二、产业数字化是数字经济发展的主攻方向

产业数字化的核心是以数据为核心要素，以科技为支撑，以提高生产效率为主线，对产业链的全要素进行数字化再造，从而推动经济转型升级。在产业数字化时代，每一个行业都值得再造，这种巨大势能，更是中国经济突破增长瓶颈和走向高质量发展的关键。

第一，产业数字化加速经济内外循环。数字化能提高生产效率，助力产业结构调整，为构建中国双循环发展格局提供有力支撑：一

是物流行业数字化有助于提升商品流通效率，打通双循环“堵点”，畅通商品流通；二是数字化后，各行各业生产效率提升，有助于加快产品流通，促进商品消费；三是数字化将推动行业转型升级，有助于形成更多“智能制造”品牌，进而提升中国品牌的海外竞争力，促进外循环。

第二，产业数字化推动技术迁移。技术是推动产业数字化的核心“武器”，正是在人工智能、区块链、大数据等新兴技术的推动下，中国才迎来了新一轮数字化浪潮。同时，行业竞争加剧、行业数字化转型需求迫切，以及在居民消费模式多元化的背景下，各行各业对技术创新需求迫切，进一步推动了技术更迭和迁移。比如，信息技术从 2G 逐渐发展到今天的 5G，数据成为新的生产力。

第三，产业数字化和数字资产化相辅相成。产业数字化的核心是数据，“技术+数据”合力激发新的生产活力，推动产业升级。数字资产化是通过数据收集、存储和处理，进而将数据变现的过程。两者相辅相成，产业数字化为数字资产化提供更多的技术和数据，数据资产化反过来作用于产业升级，比如，以数据为生产要素推动商业创新。

事实上，发达国家已推出多项重大战略，推动产业数字化。美国占据工业和信息产业的全面优势，拥有物理信息系统、大数据分析、信息安全等工业互联网关键技术，可以为传统产业提供技术支持，产业数字化水平全球领先。德国则在机械、电子、自动控制和工业管理软件等方面拥有较大优势。截至 2018 年，德国已有超过 200 亿台机器设备通过网络连接起来，预计到 2030 年这一数字将达到 5000 亿。

在国家政策推动、数据要素驱动、龙头企业带动、科技平台拉动、产业发展联动等多方面因素的共同作用下，中国产业数字化转型的效果初步显现。两化融合发展指数是衡量产业数字化水平的一项重要指标。根据国家工业信息安全发展研究中心发布的《中国两化融合发展数据地图（2019 年）》，2019 年两化融合发展指数达到86.7，已经提前完成《信息化和工业化融合发展规划（2016—2020年）》设定的 2020 年指数达到 85 的既定目标，为中国制造业高质量发展奠定了良好基础。

全面推动社会生活、生产方式向数字化转型，既能提升经济的内生动力，又能通过“弯道超车”提升国际竞争力。利用 5G、人工智能、区块链、大数据等新兴技术对传统产业进行全方位、全角度、全链条的改造，将有效提高全要素生产率，加快经济内外循环，释放数字化对经济发展的倍增作用。

三、三大维度开辟数字经济新征程

伴随经济转型的推进、政策红利的释放及技术的发展，数字经济的发展将迎来黄金时代。但我们应该看到，中国数字化建设存在核心技术难突破、基础设施支撑不足、产业数字化不一致、区域分布不均等问题。未来，应着力从技术、基础建设、政企合作等方面提高国际竞争力。

一是技术层面，要加深和实体经济的融合。要从数字化成熟度相对较高的商业、金融业，逐步拓展至农业、制造、医疗、文化、体育、汽车、新材料等行业。随着数字科技应用领域的不断拓宽，数字经济的应用场景将不断丰富，数字经济规模将进一步扩大。

二是加快新基建，为数字经济的发展提供土壤。从某种程度上来说，新基建即数字经济的基础建设。5G、人工智能、区块链、大数据等既为数字经济实践提供了技术支撑，同时，它们本身也属于数字经济的范畴。从 2014 年提出新一代移动通信、集成电路、大数据赶超先进，到 2017 年提出加快大数据、云计算、物联网应用，再到 2019 年提出拓展“智能+”，为制造业转型升级赋能，政策鼓励数字经济发展的层次，从硬件生产到软件赋能不断升级，人们对实体产业数字化、智能化水平的要求越来越高。

三是加深政企合作，为数字经济的发展创造有利条件。发挥政府的主导作用和资金优势及企业的技术和人力优势，合力共创，发展和落地更多数字经济产业。比如，智能城市、智能商圈、智能社区等是未来数字经济发展的重要场景，政府应从宏观层面做好新的城区规划，再通过招商引资的形式，吸纳更多活力较强的民营企业参与建设。

第二节　新基建政策与产业布局

2020 年，新基建被再次提上日程，31 个地方政府迅速出台了新基建相关投资规划，全国出现了新基建投资热潮。新基建既能拉动投资稳增长，还能助力数字经济发展。在政策红利释放下，具备技术和资金实力的科技公司正在加快与地方合作，积极布局新基建项目。其核心原则是“整体谋划，差异布局”，在模式上采用混合打法，结合优势竞争策略、投资布局策略、产业联动策略、产业升级策略和科技园扩张策略进行布局，努力拓展新基建业务生态。

一、新基建成为经济稳增长的抓手

2021 年十三届全国人大四次会议上提出的《政府工作报告》明确提出，统筹推进传统基础设施和新型基础设施建设。新基建再次被提上日程，这既有在外部冲击之下，稳增长与托底经济的重要考量，也有深化中国数字经济技术优势，创新引领新一轮产业革命，培养未来中国经济新增长点的期待。海通证券策略团队预测，从整体投资规模来看，新基建虽然相比老基建较小，但是增速很快，预计 2020 年新基建投资规模达 3 万亿元左右，5G 基建、特高压、人工智能等 7 个领域同比增速均在两位数以上甚至过百。表 1.1 为新基建重大政策汇总。

表 1.1　新基建重大政策汇总

新基建重大政策汇总			
时间	会议/文件	主要内容	关键词
2017.1.15	中共中央办公厅、国务院办公厅《关于促进移动互联网健康有序发展的意见》	加快建设并优化布局内容分发网络、云计算及大数据平台等新型应用基础设施	内容分发网络、云计算及大数据平台
2018.12.19—12.21	中央经济工作会议（首次提出）	我国发展现阶段投资需求潜力仍然巨大，要发挥投资关键作用，加大制造业技术改造和设备更新，加快5G商用步伐，加强人工智能、工业互联网、物联网等新型基础设施建设	5G、人工智能、工业互联网、物联网
2020.1.3	国务院常务会议	大力发展先进制造业，出台信息网络等新型基础设施投资支持政策，推进智能、绿色制造	信息网络、智能、绿色制造
2020.2.14	中央全面深化改革委员会第十二次会议	基础设施是经济社会发展的重要支撑，要以整体优化、协同融合为导向，统筹存量和增量、传统和新型基础设施发展，打造集约高效、经济适用、智能绿色、安全可靠的现代化基础设施体系	现代化基础设施体系
2020.3.4	中共中央政治局常务委员会会议	要加快推进国家规划已明确的重大工程和基础设施建设，其中要加快5G网络、数据中心等新型基础设施建设进度	5G、数据中心
2020.5.22	全国“两会”	2020年《政府工作报告》指出，加强新型基础设施建设，发展新一代信息网络，拓展5G应用，建设数据中心，增加充电桩、换电站等设施推广新能源汽车，激发新消费需求、助力产业升级	新一代信息网络、5G应用、充电桩、新能源汽车
2021.3.5	全国“两会”	2021年《政府工作报告》提出，统筹推进传统基础设施和新型基础设施建设，建设信息网络等新型基础设施	信息网络等

我们认为，新基建应包含两方面的含义：在核心技术层，包括5G、大数据、人工智能、云计算、物联网和区块链等前沿技术；在实践应用层，既包括5G基站、数据中心建设等新基建，也包括对交通、能源、电信、水利、环保等现有基础设施的智能化、数字化改造升级，以及支撑科学研究、技术开发、产品研制的具有公益属性的基础设施等。未来，伴随着经济发展水平的提升、经济结构的调整、技术的进步，新基建的外延和内涵还将不断变化和扩大，只要符合"高质量发展""新发展理念""技术驱动""数字化转型""智能升级""融合创新"等内涵均可列入新基建范畴[1]。

从地方布局来看，地方纳入新基建的布局和项目比发改委界定的范围更广。各地新基建的政策布局主要依据自身优势、产业特点、新基建短板、吸引投资等四个维度来考量。北京、河南、山东、河北、广东、广西、海南、重庆和陕西等地在新基建方面的扶持政策较多，整体谋划布局较为积极，比如，河北除了出台《政府工作报告》，还出台了5G、数字经济、工业互联网、智慧城市等6项相关政策；宁夏、新疆、青海、西藏等西北地区基础设施薄弱、新兴产业不足，故新基建布局力度较弱，政策较少。表1.2为各地新基建布局模式。

表1.2　各地新基建布局模式

模式/优势	城市
产业先发优势型+基建竞争力型	北京、上海
地理优势型+投资引导型	广东
基建竞争力型+投资引导型	江苏、浙江
产业转移型	天津、河北、安徽、河南、重庆、四川、陕西

1 杨芳《一文详解新基建：各地投资有何优势？》。

续表

模式/优势	城市
地理优势型+投资引导型	福建、山东、海南
投资引导型+城市群战略型	湖北
投资引导型	山西、江西、湖南、贵州
资源禀赋型	云南、甘肃、内蒙古、黑龙江、广西、西藏、青海、宁夏、新疆
工业集聚型	辽宁、吉林

各地在进行新基建布局时采用的模式各有差异，主要分为产业先发优势型、基建竞争力型、投资引导型、地理优势型、产业转移型、城市群战略型、工业集聚型、资源禀赋型共八种模式。产业先发优势型指地方在高科技企业数量规模、产业成熟度、科技研发、科技资本实力、技术创新能力等方面有一定优势；基建竞争力型指地方传统基础设施和新型基础设施相对完善，包括轨道交通、网络建设、技术基础、科研基础设施等；投资引导型指地方在政府项目规划、招商引资、营商环境等方面具有一定优势；地理优势型主要指地方占据交通枢纽，信息流、物流、人流、技术流和资金流等比较畅通；产业转移型指地方承接了部分城市群战略中心城市或沿海地区等产业的转移，融合本地化后形成了自身的产业生态；城市群战略型指地方在谋划城市群规划和项目落地时较好地运用了政策优势和各地资源进行协调发展；工业集聚型指当地在工业领域的实力比较雄厚，为未来工业智造升级提供了基础；资源禀赋型指地方在新能源方面具有竞争力。具体分析如下：

一是“产业先发优势型+基建竞争力型”，代表地区为北京和上海。北京和上海的新基建综合实力较强，特点是高科技产业聚集、技术和基础设施实力较强、政府投资引导积极性高。比如，北京发布的《2020年北京市政府工作报告》虽未直接提及新基建，但投资布局涉及新建相关项目较多，包括推进5G、工业互联网、人工智能、区块链等技术与政务、交通、医疗、城市管理等领域的融合等。

二是“地理优势型+投资引导型”，代表地区为广东。广东新基建的市场潜力很大，其除了高科技产业聚集、投资引导，还具备地理和城市群战略优势。相比北京和上海，广东在土地、资源和环境方面的瓶颈较小，新基建的承载能力较强。广东具备港口地理优势和粤港澳大湾区区域一体化战略优势，故港口经济、外贸工业发达。结合自身区域特点，广东加大了轨道交通、港口、工业互联网等融合类新基建的布局。粤港澳大湾区一大战略定位是具有全球影响力的国际科技创新中心，突出了广东以科技创新驱动经济高质量发展的建设方向，与新基建的新发展理念和技术驱动方向一致。

三是“产业转移型”，代表地区为天津、河北、安徽、河南、重庆、四川和陕西。这些省市一方面承接了京津冀城市群、东部地区或沿海地区的产业转移功能，另一方面通过招商引资吸引民间资本入局。比如，天津和河北承接了部分疏解非首都功能的产业，包括信息技术、商贸物流、健康养老等。

四是“投资引导型”，代表地区为山西、江西、湖南和贵州等。这些地区在规划重点项目、招商投资方面较积极，资金投入大，吸引民间投资意愿强，民营经济活跃。比如，贵州发布的《贵州省互联网新型数字设施建设专项行动方案》要求到2022年数字设施投资累计达500亿元。

五是“资源禀赋型”，代表地区为新疆、宁夏、青海和西藏等。这些地区由于地理、经济、财政和人才等因素限制，新基建实力整体较弱，产业优势不明显，但其具备资源优势，未来可加大智慧能源的建设，比如风能、太阳能、水能等融合基础设施的建设。

二、如何差异化布局新基建

1. 头部科技公司加大新基建投资

目前，国内头部科技互联网公司在新基建领域均有布局，囊括了信息基础设施、融合基础设施和创新基础设施三大方面，其中围绕 5G、大数据、云计算、算力中心的信息基础设施领域布局较广，且优势明显；融合基础设施方面集中在智能出行等领域的布局，而特高压、城轨类传统基建涉及较少；创新基础设施领域的布局多以产业园和科创中心为切入点。表 1.3 为头部科技互联网公司新基建市场竞争力和布局情况。

表 1.3　头部科技互联网公司新基建市场竞争力和布局情况

梯队	公司	涉及领域及布局
第一梯队	京东	数字政府、智能城市、科技园项目、智能零售、智能物流、智能出行、智能医疗、企业数字化、金融数字化、数字营销、5G、区块链、人工智能、大数据/云计算
	阿里巴巴	数字政府、智能城市、科技园项目、智能出行、智能医疗、工业互联网、5G、区块链、人工智能、大数据/云计算、芯片、合作投资
	腾讯	数字政府、智能城市、科技园项目、智能出行、智慧医疗、企业数字化、5G、区块链、人工智能、大数据/云计算、物联网、合作投资
	百度	智能城市、智能出行、人工智能、大数据/云计算、芯片、合作投资
	华为	数字政府、科技园项目、科研实验室、智能出行、工业互联网、5G、大数据/云计算、合作投资
第二梯队	字节跳动	智能出行、企业数字化、5G、区块链、人工智能
	中兴	智能城市、5G、人工智能
	小米	智能出行、金融数字化、5G、人工智能、物联网
第三梯队	苏宁	科技园项目、工业互联网、5G
	网易	科技园项目、合作投资
	拼多多	数字农业

综合产品优势、地方合作、业务布局、投资合作等诸多因素来看，头部科技互联网公司新基建市场竞争力分为三个梯队：第一梯队包括京东、阿里巴巴、腾讯、百度和华为；第二梯队包括字节跳动、中兴和小米；第三梯队包括苏宁、网易和拼多多。具体分析如下：

第一梯队特点是综合实力强，布局范围广，政府合作能力强。第一梯队公司有明显的“技术+资本+战略”优势，布局范围较广，涉及数字政府、智能城市、智能出行、5G、人工智能、区块链、大数据等诸多领域。同时，这些公司和地方政府密切合作，一方面赋能地方公共服务，另一方面从顶层战略层面切入地方产业。比如，阿里巴巴布局包括数字政府、智能城市、科技园项目、大数据/云计算、人工智能、芯片等 10 多个领域，且每个领域均有成功案例。

第二梯队特点是立足比较优势，布局细分市场。第二梯队公司在新基建市场布局方面更加聚焦垂直领域，重点布局自身优势领域，在垂直细分市场有一定竞争力。比如，字节跳动在 To B 领域、人工智能领域占据优势。在企业服务层面，继“飞书”后，字节跳动还推出了企业服务平台“火山引擎”，该平台包括智能推荐、机器翻译等产品，以及短视频、视频互动等解决方案。

第三梯队特点是技术优势不突出，聚焦产业园区战略。第三梯队公司在新基建市场的布局范围较窄，相比第一、二梯队公司，“技术+资本”等综合实力较弱，产品优势不太明显，故布局比较依赖于通过地方合作推动自身产业的扩张。

2. 科技公司布局新基建的五大策略

表 1.4 为头部科技互联网公司新基建布局模式。

表 1.4　头部科技互联网公司新基建布局模式

模式	公司	核心领域	优势产品	地方合作
优势竞争策略	京东	智能物流、智能城市、云	诸葛・智享开放平台、京东智能物流平台、京东云	北京、上海、山东滨州、宿迁、南宁、湖北、山东寿光、甘肃天水、昆明、潮州、五常、陕西、湘潭等
	百度	人工智能、智能交通	百度大脑、飞桨、昆仑芯片、智能云、Apollo 智能交通	山西、银川、沧州、重庆、湖南、上海、天津、保定、海南等
	华为	5G、云、智能交通	5G 标准、华为云、鲲鹏、昇腾、Welink	深圳、广西、东莞、杭州、沈阳等
	中兴	5G	5G 标准、uSmartInsight 2.0 平台[1]	甘肃、沈阳、西宁、西安、湖南、宜宾、云南、苏州、河南、郑州、邢台、海南、珠海、西安等
	小米	5G	5G 研发、小米 IoT 平台[2]	武汉、上海等
投资布局策略	阿里巴巴	云、人工智能、数字政府	阿里云、达摩院、钉钉、城市大脑、平头哥芯片	浙江、杭州、安徽、郑州、海口、重庆、厦门、澳门、汕头、安阳、山东泰安、河南、黑龙江、江西等
	腾讯	腾讯云、5G、企业数字化	工业互联网助力平台、未来网络实验室、腾讯会议、企业微信	广东、深圳、武汉、成都、贵阳、江门、长沙、河北、珠海等
	字节跳动	人工智能	飞书、人工智能实验室	深圳、福州等

1 中兴自研的人工智能平台。

2 小米自研的开发者合作平台。

续表

模式	公司	核心领域	优势产品	地方合作
产业联动策略	拼多多	数字农牧	智能零售小店	南昌、鄂尔多斯、佛山、武汉、东莞、青岛、云南、上海、云南、宁波、运城、宁波、泉州等
产业升级策略	苏宁	工业互联网	苏宁工业互联网平台	陕西、盐城、河南、武汉、湖南、重庆、江苏、南京、安徽、河北等
科技园扩张策略	网易	科技园项目	富阳银湖网易联合创新中心	上海、宁波等

科技互联网公司布局新基建市场的核心原则是“整体谋划，差异布局”，从模式上可分为优势竞争策略、投资布局策略、产业联动策略、产业升级策略，以及科技园扩张策略。各家公司在布局新基建时首先要考虑自身技术和产品优势，同时，基于自身战略、综合实力、文化等特征采取不同打法，在优势竞争策略的基础上配合投资布局策略、产业联动策略、产业升级策略及科技园扩张策略来搭建产业生态圈。

优势竞争策略指企业依据自身技术优势、产品优势、产业优势等进行布局谋划。投资布局策略指，一方面通过资本加持、战略合作、投资入股等方式与垂直领域公司合作，补齐自身技术短板，布局潜力领域，走“长周期”战略，另一方面与“资本+技术”相当的地方企业合作，形成典型案例，进而进行复制推广。产业联动策略指企业立足自身产业特点，寻找产业痛点进行谋划布局，以此来完善产业链和扩张市场。产业升级策略指企业借助原有产业优势，以产业升级改造为着力点，进而巩固和扩张市场。科技园扩张策略使用的多为政府招商引资项目，通过产业园区的布局深入地方腹地，以点带面，为后续地方及企业深度合作埋下伏笔。具体分析如下：

一是优势竞争策略，代表企业为京东、百度、华为、中兴和小米，特点是优势明显、效率高。百度和华为的特点是优势领域明显，且有一定排他性竞争力。比如，百度在智能交通领域占据绝对竞争力，Apollo 智能交通已拥有路测牌照数超过 150 张，并在北京、长沙、沧州、武汉、重庆、天津、保定等多个城市开展了路测。

二是投资布局策略，代表企业为阿里巴巴、腾讯和字节跳动，特点是生态化、效益高。腾讯在投资布局方面具有前瞻视野，专注于全球范围内消费互联网和产业互联网相关领域投资，聚焦文娱传媒、消费零售、民生教育、金融科技、企业服务及海外投资等领域，覆盖全球 20 多个国家和地区。目前，腾讯已投资了 800 多家公司，其中独角兽企业超过 160 家，上市公司超过 70 家。腾讯投资的多数公司和新基建领域契合度较高，包括智能汽车、企业数字化、区块链等领域，这在很大程度上弥补了腾讯在一些垂直领域技术方面的短板，同时，延展了其在新基建领域的产业生态。

三是产业联动策略，代表企业为拼多多，特点是产业链化、垂直化。2020 年拼多多宣布，将继续以农产品上行为核心战略，未来 5 年内将投入不低于 500 亿元支持农业农村新基建。拼多多将助力农村地区打造 100 万家年销售额过百万元的店铺。拼多多还提出创建中国最大的农产品上行平台，以及中国最大的互联网农业数据平台，主打下沉市场，通过与地方合作进行电商扶贫，建立农产品上行的“地网”和“天网”，迅速占领市场，提高竞争力。

四是产业升级策略，代表企业是苏宁，特点是稳定性高、延展性广。虽然苏宁在技术层面优势不够明显，但其在传统实体行业深耕多年，产业链基本成熟，和地方合作密切，故苏宁以产业升级为契机，再与地方进行“智慧零售、智慧物流、普惠金融”等多领域合作，进一步巩固和扩张市场。

五是科技园扩张策略，代表企业是网易，特点是延展性高、周期长。网易在新基建领域的技术和产品优势不足，故采取了科技园扩张的迂回策略。2020年，富阳银湖网易联合创新中心成立，这是网易在全国落地的第二十个创新中心，该中心围绕人工智能、智能制造等领域，和新基建的契合度较高，但有待进一步挖掘市场潜力。

第三节　科技塑造数字金融新生态

科技作为数字化发展的重要手段，逐渐改变着金融业态，甚至在某种程度和某些领域，成为不可或缺的重要角色。当前，以大数据、云计算、人工智能、区块链、物联网为代表的前沿技术正在加速应用，与银行、证券、保险、支付等金融领域深度融合，共同塑造了数字金融的新生态。通过提升金融服务效率、创新产业发展模式，数字科技可以更有效赋能实体经济，创造智慧生活新未来。

一、数字科技服务金融的底层逻辑

数字科技在各应用领域突飞猛进，首先离不开其在基础设施上厚积薄发。大数据是数字科技的重要基石，数据获取广度、挖掘深度直接影响着数字科技的价值贡献。近几年来，大数据建设取得了长足进步。从来源看，机构的内部数据、不同机构间的数据、金融行业与实体经济及社会生活各领域的数据逐步打通，形成了更完整的数据集市与多样数据标签，保证了数据的全面性和真实性。从算法看，有监督与半监督、无监督的机器学习算法、模型正在走向结合应用。通过将结构化数据与文本、图像、音视频等非结构化数据结合，将金融强维数据与用户行为、社交关系等多维数据结合，可以更好地探查用户特征与个性化需求。

人工智能（Artificial Intelligence）、区块链（Block Chain）、云计算（Cloud Computing）及大数据（Big Data）合称为“ABCD”核心技术。其中，人工智能意在通过语言和图像识别、神经网络等模拟、延展人类智能，促使机器人及科技产品以人的方式做出反应；在金融领域，可以用于识别用户身份、预测用户行为、在多个渠道替代真人参与。区块链是基于分布式记账的数据应用模式，可以在金融领域降低交易成本、管控信用风险、提高信息认证与支付结算效率。云计算是一种开放式的网络运算服务，可以帮助金融机构整合信息系统、消除数据孤岛、部署快速上线、处理突发需求；基于云计算等的金融云服务可以向金融机构输出大数据分析能力，助力精准获客、有效风控。

物联网是数字科技成果转化的新热点之一。借助各类传感器、感应器、监控器、计算器及实时定位系统，可以实现对各类物品及其过程的智能化感知、识别与管理。受益于5G时代的扩容、加速，万物互联日益成为现实，其在连接硬件设备与软件服务的同时，也创造了人人交互、人物交互及物物交互的新场景。在制造、物流、城市管理领域，物联网可用于远程操控及无人操控，推动降本增效；在金融领域，银行网点等传统的物理渠道将被重新定义、规划，原先模式沉重的抵质押物、融资租赁标的物的监测、管理等也将更趋轻型化[1]。

二、数字科技赋能金融实践

数字科技服务金融领域，可以首先应用于提升获客能力。

---

1 金天《共塑“无界金融”新生态》。

第一，可以精准圈定目标人群。譬如，我们可以从公共服务、生活缴费数据，企业经营和代发、缴税数据，房车产、地理位置、高端和境外消费数据，以及历史资金往来和社交关系数据中挖掘潜在用户；通过数据模型推荐，可以获得营销线索，将非用户转化为新用户，将睡眠用户转化为活跃用户，将低资产用户转化为高资产用户，将单一产品用户转化为交叉销售的高黏性用户。

第二，可以快速捕捉获客商机。譬如，用户出现工资入账、生意回款、售房变现等行为，说明可能其产生了财富管理的需求，这时可以尾随营销信息；用户频繁浏览出国内容，说明其可能具有跨境支付和结售汇等需求，这时可以进行差异化展示与主动触达；用户亲朋普遍申购某基金，说明其可能已有一定认知，这时可以重点推荐；用户拨打客服电话透露需求，这时可以根据地理定位，联动网点跟进。

第三，可以切实提升获客转化率。譬如，我们可以基于流量漏斗分析，优化触达频率、产品权益、营销话术等要素设计，减少节点漏损；对已漏损的用户，可以基于行为分析，启动二次回捞；对信贷业务拒绝用户，可以细分拒绝原因，将实质风险可控的用户分流至其他产品线，避免流量浪费；对主动交互用户，可以借助语音和文本识别，发现不良情绪，避免体验下降、造成流失。

数字科技同样有助于金融机构做好风险控制。

第一，可以降低伪冒、欺诈风险。通过采集人体生理、行为特征数据，应用人脸、虹膜、指纹、声纹、笔迹、步态识别及OCR[1]等机器学习技术，可以在简化身份认证、优化用户体验的同时，把申

1 光学字符识别技术。

请人同照片、视频或其他人区分开，把有效证件同伪造证件区分开，避免异常登录；通过识别黑产设备、可疑号段、高危地域，可以把正常用户同其他用户区分开，避免虚假申请、网络攻击。

第二，可以降低信用风险。通过爬取全网申请行为，可以更好地判定多头和过度授信；通过分析用户收入、现金流和在不同平台的投资情况，可以更好地衡量其资金实力、还款能力；通过分析用户消费金额、频次、品类偏好及行为记录，可以更好地确认交易的真实性，以及是否有不良癖好或其他影响还款的因素；通过识别用户家庭成员和关系人，可以更好地阻断社交网络中的风险传导。

第三，可以降低操作、合规风险。通过证照、资金流水、其他征信资料等的在线采集、远程传输和实时识别，可以降低金融机构沟通成本，减少信息不对称和手工录入过程中的操作风险；通过追踪客户经理地理位置、行为轨迹、工作流程，可以全面监控尽调过程，增强调研实效；通过引入心率、脑电波及微表情测谎技术，可以做好风险事前拦截与事后追责，打击内外勾结。

第四，可以优化风险资产处置。通过监测用户贷后行为、预警异常交易，可以及早发现风险，抢先处置抵质押物，减少贷款损失；通过用户现金流与历史行为分析，可以区分被动逾期与主动逾期，确定不同催收策略；通过引入智能外呼机器人，可以增加催收频次，提升清收效果；通过应用区块链技术，可以改进 ABS[1]中的现金流管理，提高资产出售效率。

数字科技还能推动产业链整合，有助于发展普惠金融并服务实体经济。在上下游企业间，通过掌握各主体的供货情况，可以优化

1 指以项目所属资产为支撑的证券化融资方式。

全产业链存货管理与仓储、物流调配；通过掌握各主体的资金状况，可以改进营运资金管理，精准推荐投融资、现金管理与公司理财服务；通过搭建信用评价、转移的系统平台，可以实现核心企业授信的分解和流通，帮助中小微企业破解融资难题。对单个企业，通过预测在产业链内的收入实现、潜在风险，可以确定信贷规模、时点和合理定价水平，帮助较轻资产的企业获得滴灌融资；通过票据在线识别和贴现系统，可以帮助企业实现快速到账；通过构建基于机器学习的财务分析系统，可以帮助财务做好支付缴费、账户管理、风险监测及员工服务。

三、数字科技助力构建金融新生态

作为金融机构最大财富和开展业务的重要基础，数据价值将进一步凸显。金融机构拥有广大的存量用户基础和传统渠道优势，很多此前难以采集、存储和充分挖掘的用户声纹、影像、浏览痕迹、行为轨迹、关系图谱等数据，将在数据传输效率指数级提升过程中，逐步具备结构化处理的技术能力与应用价值。数字科技公司可以帮助金融机构在分布式架构、加密脱敏处理等技术支撑下，进一步打通底层数据，使数据分析在业务决策中发挥更大作用。

进入万物互联时代，数字科技在金融领域的应用场景也将得到扩展、重塑。用户将不再需要到访线下渠道进行面签、办理业务，这促使银行网点真正转型为复杂产品销售中心、数字科技体验中心。用户不再需要扫码，而转为依托可穿戴设备甚至生物识别的无感支付，使支付行为可以随时随地出现在公共生活的各个触点，并与垂直场景深度融合。金融产品和服务将以接口形式深入外部生态，在保证用户旅程连续、体验良好的同时，带动流量扩容与转化效率跃升。

伴随数字科技公司加大赋能，许多强金融属性业务将加快线上化和数字化。目前，资管、企业融资及相当一部分小微金融业务仍主要依赖传统金融机构的线下渠道，在产品设计、风险定价、敏捷交易、策略研究等若干方面存在薄弱环节。通过完善基础设施、输出大数据风控等技术服务，数字科技公司可以以线上开放平台为载体，提供贯穿资金端和资产端的数字化、一体化解决方案，保证不同渠道、资质、资金需求的用户都能匹配到适宜的金融机构和金融服务；同时，这也有助于生态内各家机构基于各自资源禀赋，实现优势互补、融合共生。

数字科技的进步需要适应时代发展的监管环境与法律规范体系。我们建议，应在数据规范、行业监管及监管科技三个方面重点着力。

第一，要让数据真正发挥好数字时代的“石油”作用，需要站在促进数字科技社会发展的立场上。此外，要明确数据权属，划定数据的流转、共享、传输、保存等一系列规则，实现个人隐私与商业机密的有效保护。

第二，行业监管要遵从原有监管模式，更要重视行业数字化转型新要求。具体到金融领域，一方面要坚持初心，坚守监管的原则底线；另一方面，面对数字科技时代复杂多变、富有较强前沿性和技术性的金融问题，要选择更加灵活的监管方式。譬如，明确新型数字科技机构是一类新主体，有针对性地制定包容监管规则；又如，将从事部分金融业务的科技公司、金融科技创新平台定性为金融机构或“类金融”机构，实施牌照许可和准入监管，同时参照金融机构的估值来认定其在资本市场上的价值。

第三，监管科技是数字科技不断渗透行业的监管利器。面对日益复杂的商业实践，监管科技成为平衡监管有效性与成本收益问题的必然选择，并伴随行业实践和监管需求不断迭代。此外，数字科技时代的监管环境和法律体系需要社会共治，而非相互博弈。监管部门、被监管企业及其他社会主体需要更多地互动和探讨，更早、更快、更好地实现创新推动与风险防范，助力行业持续健康发展。

第四节　中小金融机构的数字化转型

2020 年，科技对传统金融的重塑浪潮加速，刷脸支付、线上借贷等非接触式金融迅速崛起。在线下金融业务几乎停滞的情况下，人工智能、大数据、云计算、区块链等技术帮助金融业快速推进线上化、数字化转型，维持了金融业的快速发展势头。在这种情况下，数字化竞争已白热化，资金、规模、人才储备等竞争力不足的中小金融机构，应加快数字化转型，拓展市场，维持竞争力。一方面中小金融机构需要从技术底层支撑、开放合作、基础设施建设、供应链完善等维度发力，进行金融新基建；另一方面可以借用中台模式[1]进行组织架构和 IT 架构变革，进一步破解业务增长瓶颈和提高竞争力。

一、数字化是中小金融机构转型的迫切需求

在宏观经济形势更加复杂、金融业竞争持续加剧、技术创新应用不断加快的大环境下，数字化成为金融业发展的大趋势。各类金融机构纷纷通过金融科技手段实现业务、技术、管理的数字化。在金融数字化模式下，数字化转型极大升级了金融机构的供应链能力；

1 以稳定形势处理多样化问题的管理模式。

在风控层面，数字化转型降低了风险管理对抵质押物的高度依赖；在客户层面，数字化转型满足了农村地区客户服务方式转变的需求。

金融要走向高质量发展，需充分借助数字科技的力量，以加快金融数字化转型。数字科技助力金融数字化的发展，有利于构建广覆盖、多层次、有差异的金融机构体系。金融数字化可解决几大问题：一是同质化竞争问题。金融数字化后，金融创新产品推出速度提升，有利于金融机构差异化发展。二是解决覆盖面不足问题。数字科技可帮助金融机构拓展更多线上业务，进而拓宽服务的覆盖面。三是解决精准定价问题。通过大数据对场景进行精准分析，精准放贷，有利于解决不对称的问题。四是解决风控问题。通过风控数字化，多维度数字推算，避免欺诈陷阱，有效识别和管控风险。

中小金融机构数字化转型既是金融供给侧结构性改革的内在要求，也是应对外部竞争的战略选择。中小金融机构客户群体主要集中在下沉市场，量小而散，单户产出低，风险识别难，需求低频，增长缓慢。在国家普惠金融的大政策方针下，各大机构都在积极争夺下沉市场的客户群体，大型金融机构利用成本和渠道优势下沉争夺客户，科技公司也在利用技术、数据等优势打造适合下沉市场客户的产品，这使得中小金融机构对产品创新和需求响应能力的提升更加迫切。

伴随金融与科技融合加速，行业竞争与跨界合作被迅速激活，金融产品创新、服务场景延展取得了重大进步。中小金融机构数字化不能走大型金融机构的老路，而要牢牢抓住自身的路径优势和机制特色，实现机构改革和业务转型。

一是数字化转型战略设计要可模块化。要以模块化形式设计战略方案，将数字化项目按照应用场景拆解成不同的小模块，这些小的模块又可以自由组合和充分扩充，以便在实施过程中按照需求变化来调整战略方案。对于中小金融机构来说，其资金实力相对较弱，试错成本相对较高，因此更倾向于采用模块化的转型方式，以试点方式推进，在看到转型效果的前提下向更大规模、更全面的转型方向迈进。

二是数字化转型战略设计要具有可伸缩性。战略方案要采用快速迭代和敏捷开发的模式，在数字化转型的过程中，我们可以对规划与落地方案不断进行调整，改变实施顺序和部署速度。中小金融机构的体量较小，业务复杂度较低，有能力和优势进行转型方向的快速调整。

三是数字化转型战略设计要富有扩展力。市场变化和技术创新的速度在逐步加快，中小金融机构需要根据市场、产品、技术、顾客行为的变化而不断调整数字化战略方案，方案路线要有足够的留白，等待根据实践或市场环境变化来扩充或丰富。

二、依托金融新基建实现数字化转型

金融数字化是未来金融高质量发展的必经之路。尤其在新基建的大潮下，金融新基建也将加快金融数字化的转型步伐，重塑金融服务业态，进一步提升金融服务实体经济的效率。

完善数字金融基础设施有助于更好、更快地推动中小金融机构数字化、智能化发展。目前，中国正在积极推进统一社会信用代码体系的建设，并与金融稳定理事会提出的法人机构识别编码——LEI码建立起完善的映射关系，有利于促进信用信息资源共享，降低金融机构和数字科技企业的识别成本和管理成本。同时，金融数字化技术标准是数字化金融基础设施的软件，技术标准可以帮助金融行业以相互兼容的方式降低风险。当前，人工智能、区块链、大数据、云计算等多项金融数字化技术标准的制定工作正在积极推进，金融分布式账本技术、云计算技术的金融应用标准已经发布。对于中小金融机构而言，应从技术底层支撑、开放合作、基础设施建设、供应链完善等方面着力进行金融新基建建设。具体分析如下：

第一，加强金融数字化基础设施建设。引进5G、区块链、人工智能、数字化操作系统等技术或相关人才，推动支付、清算、账户、风控、信贷、资金等金融基础要素的数字化；强化数字技术标准和数字化征信系统建设，推进数据保护、应用和交易规范化。

第二，加强与科技公司的合作。金融机构具备资金优势，以及垂直的客户资源，科技公司具备技术、场景和数据优势，双方可共同探讨更多的助贷模式。这既能帮助金融机构在安全可控范围内有效拓展客户资源，又能增强科技公司的场景优势，增加流量和提升用户黏性。

第三，推进金融与产业的融合创新。要以供应链、贸易链和产业链为基础推进金融和产业的融合创新，拓展更多 B 端客户资源；推进金融与其他产业融合的数字化、智能化、标准化建设，如供应链金融、普惠金融、绿色金融等，以适应不同场景下的产品需求。

金融数字化是一项系统工程。除了强化基础设施的底层支持，在行业层面，还需要推动不同市场主体之间的竞争合作；在机构内部，需要强化机构内部顶层设计与流程改造之间的上下联动。

三、以中台模式提升运营效率

进入数字经济时代，中台的价值和作用不言而喻。通过构建中台，可以在技术、产品、渠道和用户方面实现五大价值，即降本、增效、沉淀能力、复用创新和定义标准。中台的能力，实质上是数据的沉淀、技术的沉淀和能力的沉淀，其目标是在用户层面提供最佳体验。基于中台模式，企业机构在技术层面能有效支持复杂业务场景，提高用户需求响应速度；在产品层面能推进数字化产品的全链条转型；在渠道层面要推进线上线下融合，实现全渠道协同；在客户层面提升客户综合感知体验，帮助客户定义体验标准下限。

就各中台在敏捷化转型过程中的作用而言，各有优势。比如，数据中台能解决数据垄断问题，将数据共享到各平台，同时经过加工处理，为各场景提供决策服务；风险中台则对平台风险进行全局把控，形成一套风险识别、风险反馈及风险解决的固定方案，有效降低风险；业务中台则提供智能化服务，包括数据建模、用户画像、智能营销，形成标杆案例，提升业务效率。

中小金融机构受制于资金、规模、人才储备等，可借用中台模式进行组织架构和 IT 架构变革，加速线上化和数字化转型，进一步破解业务增长瓶颈和提高竞争力。在加大自身资源投入、人才储备等的基础上，加强与金融科技、数字科技企业的合作，从客户层面、业务层面和公司层面三管齐下，提高敏捷能力，推进线上化和数字化转型。

客户层面：以客户为导向，提高对客户需求的响应速度。借鉴移动中台打通 2C 和 2B[1]端的客户，整合不同客户的金融服务需求，建设统一的客户对接体系，支持客户需求的快速响应。一是对客户进行综合画像和分析，在数据中台的基础上进行人群分析、营销触

1 2C 是指到个人客户端。2B 是指到企业客户端。

达、活动管理和效果分析，深化对客户的需求和痛点的理解；二是针对客户需求丰富创新金融服务，将传统金融信贷、理财等服务嵌入到客户日常生产生活场景中，为农户、个体经营户、小微企业主提供涉农金融信贷和理财服务；三是优化中小金融机构 App 界面、网络页面及小程序的可视化效果，减少烦琐的程序，着重突出线上一站式、个性化、生活化、便捷化的体验。

业务层面：帮助中小金融机构提升效率。减少各业务的隔阂，整合各业务线，形成具有典型特点的新业务分类，再根据每一类设计新的业务程序、营销手段、效果评估机制等，实现产品创新和精细化运营。例如，根据账户特点进行标签化分类，进行用户画像，实现精准营销。

机构层面：帮助中小金融机构降低成本、沉淀能力、建立标准。通过业务能力整合和平台建设，有效减少技术和流程的重复建设，降低研发成本和时间接入成本。中小金融机构一方面需要加强业务和科技的协同，统筹数据、技术和场景在敏捷化转型中的作用；另一方面还要防控风险，提升合规水平，建立技术层、数据层、风险层、业务层、移动端等整套中台体系的标准指引。此外，农村金融机构自身有着丰富的金融数据，在数据层面还要探索便利的数据共享和流通机制，利用开放平台和接口拓展金融服务，增强金融服务的可获得性和便捷度。

第二章

科技赋能

科技是实现数字经济的主要手段。大数据、区块链、5G等新一代数字技术在实体经济中的深度应用，引发了传统经济系统性、群体性的技术革新和模式变革，为数字经济开辟了更为广阔的发展空间。科技将使供求两端得到更好的匹配，提升产业效率，打造经济和行业增长的第二曲线，同时，使产业数字化的路径由单边赋能走向行业共建。科技推动数字经济发展，一方面能够突破时空限制，大幅提高信息连接效率，降低时空交互成本；另一方面可以对生产、经营、销售等环节进行精准预测、优化布局、实时反馈，并能反复修正。同时，在新基建政策利好的背景下，技术赋能数字经济，其水平将进一步提升。未来，数字经济的基础设施平台将渗透到社会经济的方方面面，在助力国家治理体系、生产现代化过程中发挥更加不可或缺的积极作用。

第一节　解放数据要素生产力

2019 年 10 月，中国共产党第十九届四中全会提出，数据与资本、土地、知识、技术等一样，都是重要的生产要素，对生产关系的迭代升级有着重要的推动作用。数据作为重要的生产要素，具有创造新商业模式、促进供需适配、推动行业协同等三大作用。尤其随着物联网技术的应用和普及，生产、生活和社会治理走向数字化转型，数据要素的价值将加速释放。

一、数据生产力的价值

2020 年 4 月，《中共中央 国务院关于构建更加完善的要素市场化配置体制机制的意见》（下文简称《意见》）首次将数据与土地、劳动力、资本、技术等传统要素并列，明确提到，加快培育数据要素市场。

数据从概念上可划分为大数据和小数据。大数据，又称巨量资料，指无法通过常规手段进行处理的数据集合，是需要强大的服务器进行处理才能形成具有价值的信息资产。企业可通过大数据进行分析整合，精准圈选用户，降低转化成本，避免多渠道重复圈选、重复投放的弊病，节省预算，提高转化率。比如，“大数据+人工智能”在营销投放环节中能够起到提升广告投放效率的作用，使营销更加精准。一是策略指导和创意生产，通过技术带来的精准用户画像提炼，使有效模型预测达到精准营销的目的；二是创意生产，计算机依据“大数据+人工智能”进行文案设计等已运用得较为成熟，甚至赶超创意人员；三是建立数据管理平台（Data Management Platform，DMP）实现规模投放和精准营销，进一步提高营销效率和投资利润率（Return On Investment，ROI）。

小数据，指以个人为中心的全方位数据，以及配套收集、处理、分析和对外交互的综合系统。小数据是个人产生的数据，包括生活习惯、社交、财务、娱乐、场景位置和行为等，通过对这些数据的收集和分析形成数据系统，帮助企业更好地识别、挖掘用户个性化需求，推出更个性化的营销产品，达到精准营销的效果。比如，企业可在应用小数据时，引入社会、心理、人文等因素，多方位、多维度进行营销分析，实现高效营销。

数据的应用主要体现为以下几个方面：一是在生产端，数据是实现智能化的基础，可以帮助企业实现产业转型升级。将数据和技术结合运用到生产过程中，能提升资源配置效率，改变生产函数，进而提高生产效率；二是在消费端，场景数字化和消费者产生的海量数据可反作用于生产端，实现反向定制，提升消费体验；三是在资产价值方面，数据本身作为一种资产可以进行交易和流通，实现数据变现，扩充企业的资金来源、合作渠道和提升竞争力；四是数据可以打破行业壁垒，数据的交易和流动，将推动各产业融合发展。比如，在金融领域，数据可帮助金融机构实现精准投放，平衡供需两端，更好地为实体企业服务；在中小微企业数据打通后，可以帮助金融机构开展普惠金融业务；在场景数字化后，金融机构可以基于更多的场景数据进行营销，更好地匹配客户个性化、差异化的消费需求；数据也可以帮助金融机构提前识别风险，减少坏账，提升金融服务的稳定性。

数据资源成为生产要素，并不是指生产要素在种类或者数量上有所增加，而是突出体现为数据要素与土地、资本、人力等要素的互动。例如，数据收集、分析、存储的全生命周期都离不开个人或者机构的劳动；数据要素的流转、交易、确权又受到商业、技术等基础设施的影响，同时受到主体数字化意识、知识和能力的制约。

数据成为重要的生产要素，说明中国的数字经济已经成为国民经济的重要组成部分，事实上，数据成为推动经济高质量发展的重要因素。如何把分布数据汇聚起来，整理成为生产、生活服务的数据商品，是整个数字经济的核心。尤其随着物联网技术的应用和普及，生产、生活和社会治理走向数字化转型，数据要素价值将倍数化释放。随着 5G、区块链、人工智能等技术应用的深化，工业互联网、产业互联网海量数据将被挖掘，数据资产潜力将进一步被释放。以数字资产化、资产数字化和产业数字化融合为特征的产业创新，构成了一个全新的体系，或将重塑传统产业的运行方式、服务模式乃至整个生态。

二、数据资产化实践

数据既是一种技术应用，又是一种资产。作为技术实践，大数据已被广泛应用于数字金融、数字营销、智能城市、智慧医疗、智慧物流、供应链管理等领域，大数据与传统产业场景的深度融合，推动了产业升级，促进了数字经济发展。作为数据资产，基于互联的各个场景的数据将形成巨大的无形资产，企业可挖掘、创新传统业务逻辑，以数据为生产要素进行商业创新、价值嬗变，进而完善服务、获得超额收益率。中国信息通信研究院推测，2020 年预计全球产生的数据量达到 50.5ZB（泽字节），同比增长约 23%[1]。

如何将数据转化为有价值的信息，并广泛应用到实体行业，是数字资产化的重要体现。简单来说，让数字资产可变现，体现其数字价值，就是数字资产化。比如，基于客户基本资料信息、位置信息、通话行为、购买行为、手机上网行为等丰富的数据，进行整理分析，为每个客户贴上消费行为、偏好行为和兴趣爱好的标签，并借助数据挖掘技术进行客户分群，完善客户画像，帮助平台深入了解客户行为偏好和需求特征，服务自身经营决策、业务流程，从而提升企业业绩。

数据资产化的具体流程如下：

第一，获取数据。在合规的前提下，通过网络采集、问卷调查、资料查阅、公司公告、购买等方式获得政府数据、企业数据、个人数据、行业数据等。在政府层面可重点关注中央银行、发改委、统计局等渠道的数据，在企业层面可重点关注工商信息、处罚信息、经营信息、财报信息、诉讼信息等，在个人层面则重点关注年龄、性别、收入、兴趣、地址、社交、工作、消费等数据信息。

第二，处理数据。利用技术对数据做清洗、脱敏、分类等处理，在删去错误冗余数据、做好脱敏处理后，根据数据特点进行简单分类，保证数据安全和提高数据质量。

第三，分析数据。根据产品或客户需求建立不同的数据分析模型，模型应包括分析机制、运用机制、评价反馈机制等，多维度、全方位地满足客户需求。

第四，实践与迭代。将模型融入场景中，根据场景的反馈数据，

1 中国信息通信研究院发布的《大数据白皮书（2019 年）》。

调整和更新模型，以达到数据效益和价值的最大化。进入物联网时代，万物互联将产生海量数据，数据资产化的逻辑也将发生改变。比如，在场景端数字化后，时空距离被打破，时间和空间数据将加速融合，消费数据模型将更有效地作用到生产维度模型，进一步提升生产效率和经济效益。可以预见，随着数据资源越来越丰富，数据资产化会日益成为企业提高核心竞争力、抢占市场先机的关键。

三、打破数据生产力瓶颈

根据 IDC[1]发布的统计数据，2018 年中国的数据产生量约占全球数据产生量的 23%，美国的数据产生量占比约为 21%，EMEA（欧洲、中东、非洲）的数据产生量占比约为 30%，APJxC（日本和亚太）的数据产生量占比约为 18%，全球其他地区的数据产生量占比约为 8%。

当前，基于大数据交易中心的数据交易是中国最主流的建设模式。贵阳、武汉、西安、盐城、哈尔滨、上海、桐乡、青岛等地相继成立数据交易中心，有力推动了数据交易从分散化向平台化、从无序化向规范化转变。培育中国大数据交易市场，涵盖了数据确权、数据定价、数据交易等各个环节。其中，数据定价是数据流通的关键性因素。当前中国大数据交易中的数据定价机制还处于探索阶段，国际上也没有成熟的应用。未来中国可以参考大数据交易的成本、收益、效用、用户等属性，探索可靠的定价方向和机制。

综合来看，中国数据要素的市场化配置尚处于起步阶段，在数据确权、开放、流通、交易、监管等方面仍存在诸多瓶颈和制约。

1 互联网数据中心，是英文 Internet Data Center 的缩写。

这主要源于数据保护的法规制度不够健全，政府数据对外开放程度不够，社会数据的使用价值较低和个人数据的收集使用不规范。为此，我们建议：

一是加强顶层设计。严格落实《意见》中关于数据要素市场化配置的意见和要求，其是将来中国数据行业发展和国家战略的基本思路。下一步可在该《意见》的基础上，全面细化数据战略应当包含的内容——战略目标、实施路径、效果评价等。可考虑成立数据管理部门，统筹推进数据要素配置管理和监管工作；加快制定出台基础性法律法规；在规则执行层面，加快制定涉及数据产权界定、数据开放共享、个人信息保护、数据安全和跨境流动等的实施细则和办法；加快数据资产清算，制定清单和管理方案[1]。

二是发挥技术的乘数效应。人工智能、区块链等技术是连接数据资产和场景运用的中介，没有技术赋能，数据很难变现并实现资产化。应发挥技术的乘数效应，充分将数据资产运用到工业制造、金融交易、医学诊断、智能驾驶等各个领域。目前，区块链产业应用已从最初的加密数字货币，拓展到互联网、金融、政务公共服务、司法存证、知识产权保护、供应链管理、企业数据管理服务等多个领域。比如，区块链赋能电子凭证，区块链技术能够为证据加盖时间戳，有利于证据链的保存。在存证环节，区块链技术给电子证据添加了可信的时间戳，据此可以认定电子证据的产生环境和产生时间，为电子证据的存储提供了高质量的数据源，进而规范了数据存证格式，保证了数据存储安全和流转可追溯。

三是加快数字基础设施建设。应持续完善工业互联网、物联网

1 朱太辉《疫情加速银行业数字化转型》。

和人工智能等新一代数字信息基础设施，明确和数据相关的新基建范围，出台重点项目清单，重视科技企业和民营企业的数字化力量。加强数字化征信系统的建设，优化数据要素流通环境，加强数据流通管理，进一步完善数据流通交易规则，规范市场主体交易行为，推进流通风险评估，完善数据合规应用监督和审计。加大新基建投资力度，为数字经济的发展提供必要支撑。

四是推进政府和科技公司的合作，共建共享数据库。要打破政府数据开放难题，以责任清单带动激励相容，推动数据共享，提升社会数据的价值，构建促进全社会收集、使用、共享社会数据的体系。一方面，科技公司具有大数据资源和技术优势，同时也是市场化主体；另一方面，政府具备公信力、资源和资金优势。双方应加深合作，发挥各自优势，建立数据库，进行数据共享，探索数据使用和资产化的路径。

五是大力发展数据衍生经济业态。培育和发展数字经济，探索在农业、工业、交通、教育、安防、城市管理、公共资源交易等领域规范化数据开发利用的场景，推进场景数字化建设，如智慧政务、智慧城市、智慧商圈、智能交通和智慧社区等。这既能推动经济转型升级，也能培育更多新型消费，提升经济增长动力。

六是构建完善的数据要素监管体系。强化数据安全技术能力建设，建立统一高效、协同联动的网络安全管理体系，做好个人隐私保护与数据安全管理；强化数据要素市场监管和反垄断执法，确保市场公平竞争和健康运行；建立数据行业协会，激发各界监督和共建监管体系的积极性，促进数据产业的健康发展；加快数据确权定价，对个人数据、社会数据、政府数据、企业数据产权进行分类，参考大数据交易实践，从成本、收益、效用、用户等属性确定数据价值的构成，通过市场化交易确定数据要素的定价规则和标准。

第二节　区块链为数字经济构筑底座

区块链作为集加密算法、分布式数据存储、点对点传输、共识算法等多项技术于一体的互联网基础技术，被认为是互联网 3.0 时代的核心技术之一。基于区块链的开放平台，将区块链技术与大数据、云计算、人工智能等有机结合，可以推动产业数字化转型，为数字经济构筑底座。与发达国家利用区块链开发数字货币不同，中国产业门类足、细分行业多，存在许多区块链应用的天然场景，区块链行业应用具有无限的想象空间。随着区块链技术的精进完善，区块链在实体产业的应用过程中，将焕发出强大的生命力。

一、区块链是产业数字化的底座

2020 年，包括区块链、5G、大数据等新基建项目被再次提上日程，各地积极布局区块链项目，为区块链赋能实体经济创造了条件。

从发展历程来看，区块链历经了比特币、以太坊、生态令（ECOL）三大发展阶段。目前，区块链产业应用已从最初的加密数字货币，拓展到互联网、金融、政务公共服务、司法存证、知识产权保护、供应链管理、企业数据管理服务等多个领域，区块链技术与各行各业的融合创新已成“星星之火”，未来必将以“燎原之势”促进科技和经济社会的跨越式发展。

根据 IDC 发布的《全球半年度区块链支出指南》，2023 年中国区块链市场支出规模将达到 20 亿美元，2018—2023 年市场支出规模的年复合增长率将高达 65.7%。从全球范围来看，美国是区块链支出规模最大的国家，占全球总量的 39%，支出规模排在第二至第五名的国家和地区依次是：西欧、中国、亚太和中东欧。从不同行业的区块链应用情况来看，行业相对比较集中，其中，银行业是中国区块链支出规模最大的行业，其次是离散制造、零售、专业服务和流程制造行业，这五大行业区块链支出规模占总规模的比重高达 73%。区块链专利数量近年来也创下新高。中国区块链技术在创新中不断完善，突出表现为专利申请数量的井喷式增长。中国信息通信研究院发布的《区块链专利态势白皮书（1.0 版）》显示，截至 2018 年年底，中国区块链专利申请数量达 4435 件，占全球申请总量的 48%，2013—2018 年，全球区块链专利申请数量的年均增长率为 276%，而同期中国的增长率为 321%。

当前，中国已经进入发展数字经济的黄金时代。区块链作为数字技术的重要一环，将驱动实现全链条的数字化和智能化，提高生产效率、降低成本，同时帮助挖掘更大的客户价值，实现高质量、可持续的增长。尤其进入产业数字化的下半场，科技公司如何构建具有开放生态的平台，进而赋能 B 端行业，决定着下半场的出路。因此，我们需要基于区块链的开放平台，将区块链技术与大数据、云计算、人工智能等有机结合，以打造产业数字化的基础和底层。以 Baas[1]为代表的服务平台，从企业和开发者角度出发，实现了区块链技术平台的快速部署和联盟链的快速组建。

---

1 指后端即服务（Backend as a Service），是公司为移动应用开发者提供整合云后端的边界服务。

区块链是产业数字化的连接器。产业数字化利用云计算、大数据、人工智能等先进技术将传统产业与互联网进行融合，重构了以往传统领域的商业盈利模型和产业结构。利用区块链的去中心化、不可篡改和可追溯特性，可以为产业数字化搭建一个可信的生态环境。例如，区块链在供应链溯源上的应用，即以商品为主线连接其供应链链条上的各企业，在这条产业链上，各参与方可在保护隐私的情况下实时共享业务数据，可在授权范围内实时查看数据状态，包括物流运输、交易付款、产品销售等全方位的信息。区块链还可助力银行等金融机构提升风险掌控能力，促进供应链金融的发展，解决中小企业融资难的问题[1]。

区块链技术非常适合解决产业数字化的痛点，并且其本质也与产业数字化的价值导向一致。因此，区块链技术可作为每一个企业在产业数字化中的连接器，构建完整可信的产业链条。多个产业链条搭建起一个产业互联的生态，逐渐积累全面、多元化的产业数据，将产业数据在线化、标准化、结构化，在此基础上完成产业数字化的再造和升级。

区块链技术能够强化工业互联网的协同效应。当前，工业互联网的发展主要在高度协同、安全生产、信息共享和柔性监管等方面存在问题。区块链技术在工业互联网协同效率的提高方面发挥了自己的独特优势，具体表现在：一是借助机器共识、共享账本、智能合约、隐私保护四大技术变革，为工业互联网提供行业规范及标准，遵守企业间协定前提下的数据互信、互联和共享；二是区块链物理分布式、逻辑多中心、监管强中心的多层次架构设计为政府监管部门和工业企业相互间提供了一种松耦合的连接方式，在不影响企业

1 中国通信学会所发布的《区块链技术前沿报告（2020 年）》。

正常生产、商业活动的前提下提供了柔性合规监管的可能；三是分布式的部署方式能够根据现实产业不同状况，提供分行业、分地域、分阶段、分步骤的建设和发展路径。

二、区块链技术的行业实践

伴随区块链技术的不断发展，区块链技术不再局限于比特币等数字货币的底层技术。一方面，区块链技术能够与金融深度融合，解决金融交易中的信任程度低、风险控制难、效率低下等问题。另一方面，区块链技术展现出赋能实体产业的潜能，它能够加强传统产业不同参与主体的协作关系，提升商业交易的安全性、可信性，降低交易成本，进而提升传统产业的效率和水平，优化传统产业的发展模式和逻辑。区块链应用从金融领域延伸至实体领域，电子信息存证、版权管理和交易、产品溯源、数字资产交易、物联网、智能制造、供应链管理等领域均开始尝试应用区块链技术解决行业发展的痛点。

当然，区块链技术的应用是存在边界的，并不是所有的行业都可以运用区块链。综合来看，应用区块链的行业存在以下几个共性问题：一是参与主体多，且交易主体间的信任程度较差；二是验真成本高，对参与方发生的交易信息进行验真的成本极高，甚至无法验真；三是交易流程冗长，手续烦琐。因此，可以看出区块链并不是万能的，其应用存在一定的限制条件。

1. 区块链赋能实体产业

伴随区块链技术的精进完善，其在实体产业中的应用焕发出强大的生命力。零壹财经的数据显示，中国 3 万余家区块链企业主要集中的行业大类是批发和零售业，共有 11747 家企业，占总量的 37.68%。区块链在实体产业中的应用体量如此之大，主要是因为产业自身确实存在明显的痛点，而这些痛点与区块链技术的优势恰好吻合。

如区块链在医疗行业的运用。区块链技术具有可追溯、不可篡改、去中心化的特点，能够有效解决传统医疗行业一直存在的医疗数据隐私保护不足、信息安全性缺乏保障、可追溯性差等痛点，大大降低患者和医疗机构、保险机构的交易成本，提高医疗行业的管理效率。区块链技术分布式存储、不可篡改、共识机制等的技术特性，可以很好地解决医药供应链大数据资源分散、数据隐私保密性要求高、互联网售药服务无法跨平台协同监管等行业痛点。在数据隐私保护层面，区块链分布式记账、匿名加密、不可篡改的特性可以保障医疗数据的安全存储。

区块链可以将分散于各医疗机构的患者检验数据进行加密处理，对数据进行上链管理，经过多个节点同步存储，从源头保障医疗数据的真实性和完整性，避免链上伪造和篡改医疗数据等行为发生。在数据共享层面，区块链技术的多私钥授权、点对点传输可以解决医疗数据信任问题。区块链通过患者私钥授权，可以在保障个人隐私的前提下，保证医疗数据链上共享可控，形成以患者为中心的健康账户，有效降低医疗数据被恶意使用的风险。同时，这也可以解决医疗保险中的流程复杂、结算难、医疗信息壁垒等问题，确保医疗敏感数据的合法流通和使用。

2. 区块链解决信用共识问题

共享经济作为近年来新兴的一种经济形态，通过搭建开放平台来提升闲置资源的利用效率，实现了资源利用的最大化。区块链技术具有去中心化、不可篡改、可追溯的特点，以区块链技术手段为基础，结合现有业务能力及第三方支持，可解决共享经济模式中存在的诸多问题。例如，在信用租赁平台，用户信用达到一定分数，其就可以免押金租用包、衣物、鞋子等生活用品。但信息透明度低、标准化欠缺、品类有限、押金贵、商品品质没保障等一系列问题亟待解决。区块链技术及其不可篡改的特性，可以有效解决共享租赁产业中出租人和承租人所担忧的大部分问题，还可将业务流程中的关键数据文件，包括相关实名信息主体、订单及下单流程、电子合同、协议、签订流程、定损检修记录报告、照片等用区块链进行即时保全。

在信用租赁过程中，不可避免地会因为承租人处分租赁物、出租人违反租赁合同等因素造成违约纠纷，而传统公证流程存在举证难、周期长、成本高、程序多等诸多问题。针对这种情况，可结合区块链技术手段，形成区块链存证联盟，将实际业务中的重要数据、文件进行实时、不可篡改的电子数据保全存证。最终形成各方信赖的电子证据，达到实时取证、高效公正处理租赁违约纠纷的目的。

总而言之，共享经济模式可结合区块链技术，形成区块链存证联盟，将实际业务中的重要数据、文件进行实时、不可篡改的电子数据保全存证。最终形成各方可信赖的电子证据，达到实时取证、高效公正处理共享模式中违约纠纷的目的。

3. 区块链与金融的结合

金融行业天然具备交易环节多、参与主体多、风险难以识别、信任成本高等行业痛点，因此，区块链在金融行业的应用也成为最主要的应用方向之一。零壹财经的数据显示，截至 2019 年年末，超过 12000 位、来自 19 个国家和地区的申请人，参与了区块链技术在金融领域的研究与开发，专利成果高达3433项，占专利总数的14.26%。

区块链技术以其独特的技术特性使得数字票据成为可能，为解决现行票据市场缺陷提供了更好的选择。一是实现了票据流转的去中心化。票据是一种有价凭证，其流通的背后隐藏着第三方为票据交易背书。二是有效降低了票据交易中的风险。比如，纸质票据交易中“一票多卖”的现象时有发生，利用区块链不可篡改的时间戳和全网公开的特性，无论纸票还是电票交易，只要交易发生，双方均不可抵赖。因此，区块链技术提高了票据交易的可信任度。三是降低监管成本，提高了监管水平。

4. 区块链提升资产交易效率

由于资产证券通常对应多笔资产，每笔资产对应着不同的外部担保，因此，在实践中资产证券化目前没有真正实现担保随同金融债权资产的转让，只是通过法律条款约定了保留完善担保的权利，在真正出现需要履行担保的情况时再转移担保。

基于区块链技术建立点对点的增信保障平台，可有效降低增信转移的成本。基于区块链的ABS全流程解决方案首先建立由各参与方共同组成的ABS区块链联盟，在此基础上，在ABS全部流程的落地中运用区块链技术，使ABS实现更加精确的资产洞察、现金流管理、数据分析和投后管理。

5. 区块链与政务管理

政务管理和公共服务不仅具备区块链应用的基本前提条件，更为重要的是，中央和地方政府出台了一系列政策鼓励、支持区块链在该领域进行尝试和探索。可以说，区块链在政务管理的效率提升方面具有广阔的应用空间，同时也将对政府职能、管理机制及法规制度带来一定的影响。比如，电子数据存证的应用。区块链技术能够为证据加盖时间戳，有利于证据链的保存。在存证环节，区块链技术给电子证据加了可信的时间戳，据此可以认定电子证据的产生环境和产生时间，为电子证据存储提供了高质量的数据源，规范了数据存证格式，保证了数据存储安全和流转可追溯。

总体来看，区块链技术的创新和应用发展越来越受到各方重视，许多行业纷纷加入区块链应用的浪潮中。但我们应该清醒地认识到，一方面，中国区块链技术的行业应用要结合国情，走出一条具有中国特色的产业化道路；另一方面，中国区块链技术的发展还处于探索和研究阶段，其深入推广应用仍需要一段整合与发展过程，需要产、学、研各方共同努力和参与。

第三节　5G为数字经济搭建云梯

5G具备大连接、低时延、高速率、广覆盖等特性，通过其技术上的优势，可以帮助企业在传统业态下的设计、研发、生产、运营、管理、商业等领域进行变革与重构，进而推动企业重新定位和改进当前的核心业务模式。可以说，5G成为数字化转型的关键利器，将为传统企业由电子化到信息化再到数字化搭建云梯，为数字经济的发展提供“燃料”。

一、5G现状及产业链布局

5G即第五代移动通信技术，是最新一代的蜂窝移动通信技术，其突出的性能目标是高速率、低时延、大系统容量及大规模的设备连接。数据的传输速率最高可达每秒10GB（千兆字节），比先前4G LTE（长期演进技术）蜂窝网络快100倍，网络延迟低于1ms，而4G为30～70ms。基于5G的以上特性，原本需要固定带宽支撑才能实现的应用，现在可通过无线通信得以实现，从而提升外部场景输出效率，促进数字科技的远程精准输出和实时精细支持，营造便捷高效的开放生态。

中国在5G网络建设和应用实践方面，基本处于世界领先水平。2019年6月，工业和信息化部（简称工信部）向中国电信集团有限公司（简称中国电信）、中国移动通信集团有限公司（简称中国移动）、中国联合网络通信集团有限公司（简称中国联通）、中国广播电视网络有限公司（简称中国广电）发放了 5G 商用牌照，由此中国正式步入 5G 商用元年。2020 年是中国 5G 网络建设的关键一年，三大运营商（中国电信、中国移动、中国联通）在年初就制定了全年建设 50 多万座 5G 基站的目标。截至 2020 年 11 月，中国已累计开通 5G 基站超过 70 万座，终端连接数量超过 1.8 亿个，共建共享取得积极成效。

从产业链来看，5G 上游产业包括网络建设与规划、射频器件、光模块/光器件、小基站、光纤光缆等，主要公司有华为、中兴通讯、爱立信、诺基亚、三星、特发信息、中天科技等；中游主要指移动通信运营商，主要公司有中国联通、中国移动和中国电信等；下游主要指应用场景，具体包括 VR/AR、车联网、增强移动宽带、工业互联网、远程医疗等，代表公司有邦讯技术、初灵信息、高斯贝尔、四川九洲等（见表 2.1）。

表 2.1　5G 产业链图谱

<table>
<tr><th></th><th>环节</th><th colspan="2">细分领域</th><th>主要竞争厂商</th></tr>
<tr><td rowspan="5">上游</td><td>网络规划设计</td><td colspan="2">前期技术研究，网络建设与规划</td><td>宜通世纪、富春通信、国脉科技、杰赛科技、中国通信服务、中通国脉</td></tr>
<tr><td rowspan="4">基站设备</td><td colspan="2">核心网、BBU（基带处理单元）、RRU（射频拉远单元）</td><td>华为、中兴通讯、爱立信、诺基亚</td></tr>
<tr><td colspan="2">芯片及模组</td><td>海思、中兴通讯、联发科、大唐电信、展讯</td></tr>
<tr><td colspan="2">天线/天线振子</td><td>通宇通讯、摩比发展、京信通信、盛路通信、齐星铁塔、梅泰诺、飞荣达、宜通世纪、华为</td></tr>
<tr><td>射频器件</td><td>PCB（印制电路板）/覆铜板</td><td>生益科技、沪电股份、深南电路</td></tr>
</table>

续表

	环节	细分领域	主要竞争厂商
上游	基站设备	滤波器	东山精密、武汉凡谷、大富科技、春兴精工、麦捷科技、信维通信、硕贝德、顺络电子
		光模块/光器件	中际装备（苏州旭创）、广讯科技、天孚通信、昂纳科技、新易盛、博创科技、科信技术、日海通讯
		小基站	京信通信、邦讯技术、三元达、超讯通信、日海通讯
	传输设备	有线传输连接	中兴通讯、华为、爱立信、诺基亚、烽火通信
		光纤光缆	中天科技、亨通光电、武汉长飞、烽火通信、杭州富通、通鼎互联、特发信息
		系统集成	中国通信服务、京信通信、三维通信、邦讯技术、宜通世纪、电信国脉、华星创业、奥维通信、三元达、立鼎技术、讯联技术
		IT 集成	亚信联创、东方国信、天源迪科、亿阳通信、初灵信息
		增值业务	北纬通信、拓维信息、二六三网络通信、梦网荣信、创意信息
	终端设备	芯片及终端配套	麦捷科技、信维通信、华为、中兴通讯、高通、联发科、台积电、苹果、三星
中游	运营商		中国移动、中国联通、中国电信、中国广电
下游	应用场景	VR/AR、车联网、增强移动宽带、工业互联网、远程医疗	邦讯技术、初灵信息、高斯贝尔、四川九洲、广和通、移为通信、日海智能、南京熊猫

未来，因兼顾短期拉动经济和中长期释放经济增长潜力的作用，以 5G 为代表的新基建投资将成为中国经济的新增长点。根据中国银行研究院的测算，2020 年新基建的七大重点领域投资总规模约为 1.2 万亿元，其中，5G 基站及相关设备投资为 2500 亿～3000 亿元。

二、5G 是数字化转型的重要支点

5G 高效率、低时延、广覆盖的特点，拓展了人工智能、大数据、区块链等数字技术的应用深度和广度，催生了新业态、新模式，加快了产业数字化转型步伐。中国信息通信研究院在《中国 5G 经济报告 2020》中预计，到 2025 年，我国 5G 用户将达到 8.16 亿人，占移动用户的 48%左右，占据全世界 30%的连接，这意味着我国将是全球最大的 5G 市场之一，将给全球经济、全球数字化带来巨大的影响[1]。

以 5G、云计算、人工智能为代表的新兴技术的发展和应用，为传统企业从电子化到信息化再到数字化搭建了阶梯，通过其技术上的优势可以帮助企业在传统业态下的设计、研发、生产、运营、管理、商业等领域进行变革与重构，进而推动企业重新定位和改进当前的核心业务模式，完成数字化转型。具体分析如下：

第一，5G 将拉动产业链上下游高速发展，有效拉动经济增长。中国信息通信研究院在《5G 产业经济贡献》中测算，预计在 2020—2025 年，中国 5G 商用将直接带动经济总产出 10.6 万亿元，直接创造经济增加值 3.3 万亿元；间接带动经济总产出约 24.8 万亿元，间接带动的经济增加值达 8.4 万亿元。就业贡献方面，预计到 2025 年，5G 将直接创造超过 300 万个就业岗位[2]。

第二，5G 是构筑经济社会数字化转型的关键基础设施，助力数

1 张晓强等《2020 中国 5G 经济报告》。

2 中国信息通信研究院发布的《5G 产业经济贡献》。

字经济发展。5G 使得海量数据的有效传输成为可能，为垂直行业的高质量发展和数字化转型带来新契机。自动驾驶、智能城市、智能家居等垂直应用已经发展了很长一段时间，但目前为止暂未取得突破性的进展，掣肘点在于网络连接。5G 可满足通信类设备低成本和低能耗的需求，可一次性解决海量数据流通问题，将数据迅速传输至后台，为决策提供依据并及时反馈，实现复杂终端智能化。5G 具有媲美光纤的传输速度、万物互联的泛在连接和接近工业总线的实时能力，与云计算、人工智能技术深度融合，向垂直行业渗透，为垂直行业的高质量发展带来新契机，助推城市智能升级和企业数字化转型，推动数字经济的发展。

第三，5G 将成为扩大内需的新动力，拉动整个产业链持续投资。短期内 5G 将推动信息产品和服务不断创新（如超高清视频等），消费者将接触到更丰富、更高科技的应用产品，增强信息消费的有效供给，刺激信息消费增长。长期来看，5G 将与相关行业不断深度融合，催生工业、交通、医疗、教育等领域的新应用、新业态、新模式，给消费者带来前所未有的信息产品和消费体验，拉动新消费。2018 年，中国移动手机用户数量超过 14 亿人，成为世界第一，凭借庞大的市场需求，中国的 5G 将具备巨大的威力与潜力。同时，5G 既可以直接拉动产业链上下游的巨额投资，还可以带动各行各业扩大信息通信技术的应用投资，通过增强投资带动递增效应。据预测，5G 产业每投入 1 个单位，将带动 6 个单位的经济产出，溢出效应显著。

三、5G 驱动各行业广泛创新应用

如何把 5G 和行业痛点结合起来驱动数字化转型是当前的重要命题。5G 场景的运用既需要供应商提供大量的基础设施建设，也需要全社会加大改革力度，推动以 5G 为主的信息通信与工业、交通、能源、农业、服务等行业渗透融合，从而带动整个传统产业和消费的数字化、网络化、智能化转型，提升整个产业链和供应链水平，促进经济转型和带动数字经济发展。

1. 5G 加速产业互联网融合发展

随着智能制造战略的推进，5G 在工业领域的应用将进一步深化，工厂车间中将出现更多的无线连接，这将促使工厂车间网络架构不断优化，有效提升网络化协调制造与管理水平，促进工厂车间提质增效。中国信息通信研究院在《5G 经济社会影响白皮书》中预计，到 2030 年，中国工业领域中 5G 相关投入（通信设备和通信服务）约为 2000 亿元。不过，目前 5G 智能制造内网改造的融合技术标准尚待明确，软硬件供给能力不足，导致时间精确度不够、效果延时等问题。相关建议如下：一是培养制造业典型，探讨、统一解决方案，比如，以国有和民营大型龙头企业作为标杆，进行压力测试示范，解决痛点问题，形成解决方案，测试成功后把整套解决方案向全行业推广应用；二是设立过渡方案，保证 5G 与原有工业控制系统融合共存；三是建立 5G 工业互联网安全防护和测试的标准体系，包括工业自动化领域和工业互联网领域的信息安全技术标准体系，以及信息共享、互通安全的解决方案等。

2. 5G 提升可穿戴设备网络效率

5G 将成为推进可穿戴设备物联网的重要入口。5G 通过简化网络架构，极大地提升了网络效率，将实现小于 5ms 的端到端延迟，有利于提升 VR/AR 产品的用户体验。根据 ABI Research（市场研究公司）的数据，预计到 2025 年，VR/AR 的市场总额将达到 2920 亿美元（VR 为 1410 亿美元，AR 为 1510 亿美元）。预计到 2030 年，中国 VA/AR 行业中 5G 相关投入（通信设备和通信服务）将超过 100 亿元[1]。

3. 5G 支撑边缘数据中心服务

边缘数据中心指处于最接近用户的地方，直接为用户提供良好的服务。边缘计算中心负责实时性业务决策和大量个人隐私数据的短周期存储，具备小型化、分布式、贴近用户的特点。5G 时代的用户端将与云数据中心、边缘数据中心形成无比紧密的“云—边—端”架构。与原有的网络相比，5G 网络支持的数据量将提高 1000 倍。IDC 数据显示，到 2020 年有超过 500 亿台终端和设备联网，其中超过 50%的数据需要在网络边缘侧分析、处理与存储。

4. 5G 提升云游戏用户体验

云游戏是一种以云计算为基础的在线游戏方式，游戏的存储、运算、画面渲染等都在服务器端运行，通过网络传输，用户终端只负责显示和接收指令。云游戏发展滞缓的根本原因在于网络带宽限制，带宽限制了画面传输，无法满足即时游戏的需求。而 5G 的接入速率预计将达到 1000Mbps，高速且低延迟的特征将解决云游戏的网络问题。5G 网络凭借着超高速度实现云游戏，通过对产业链相关方的分析，游戏研发、硬件设备、通信设备商将基于现有业务延续原有行业格局。

---

1 韩长喜《第五代移动通信技术（5G）发展与应用》。

5. 5G 助推数字营销智能化

伴随 5G 时代的来临，视频将占据越来越多的传播渠道，在数字营销行业，短视频信息流广告形式可能成为主流；线上和线下融合加速，营销公司将充分匹配人、物和场景，突破手机和 LED[1]终端面临的流量增长缓慢的问题，实现营销场景的全覆盖，通过更先进的人工智能去除虚假流量，营造更好的营销环境；5G 让户外营销智能化升级路线更加清晰，包括实时定位、智慧连接、信息驱动等。

5G 产业链条辐射能力将增强，全面覆盖各行各业，整合产业链上、中、下游企业等创新主体与创新资源，形成以数字化转型为契机、以 5G 为纽带、以需求为导向的新型产业生态。5G 是数字技术应用落地的底座，构建了数字经济的基础设施平台。随着以 5G 为代表的新基建的推进，将有效提升数字经济服务实体产业和智慧生活的水平，并在助力国家治理体系、生产现代化过程中起到更加不可或缺的积极作用。从全球来看，在全球产业链协同发展的大背景下，5G 开放合作互信将成为趋势。比如，建立增强互信的双边或多边框架，探讨 5G 安全相关国际政策、规则和标准，加强信息共享，分享应对 5G 安全的先进经验，推进 5G 增强技术及安全机制后续国际标准研制，建立 5G 安全国际评测认证体系，推动 5G 全球产业链的健康发展。

1 LED 即发光二极管。

第四节　金融科技，如何行稳致远

2020 年对金融科技行业而言，是极其不平凡的一年。一方面，金融科技在新冠肺炎疫情（下文简称疫情）中表现出了足够的韧性，金融数字化转型加快，推动形成新消费动能；另一方面，金融科技监管渐趋从严，行业发展走向理性。展望未来，金融科技作为科技创新的重要组成部分，将在赋能行业转型升级、降本增效、服务实体经济、助力普惠金融发展方面继续发挥至关重要的作用。

一、疫情凸显金融科技韧性

2020 年，新科技加速落地，刺激新业态创新与发展，电商、远程办公、在线教育、在线医疗和生鲜物流等非接触式经济需求爆发。在线下场景受阻的背景下，线上场景迸发，金融和科技加速融合，金融数字化全面提速，金融科技在传统金融场景外拓、推动释放消费新动能和推动小微企业复工复产等方面都发挥了难以替代的关键性作用。

1．推动金融数字化转型提速

2020 年之前，一些金融机构在推动数字化转型方面还处于“边走边看”的状态，金融数字化在一定程度上处于“离散式”推进状态。2020 年开始，在供需两端的共同推动下，科技重塑传统金融，刷脸支付、线上借贷等非接触式金融迅速崛起，在线下金融业务几乎停滞的情况下，人工智能、大数据、云计算、区块链等技术帮助金融业快速推进线上化、数字化转型，维持了金融业快速发展的势头。

近年来，线上流量竞争日益激烈，精细化运营成为各类经营主体降本增效的关键。在消费金融目标人群中，年轻、小白用户比重较大，他们对价格和利率更为敏感，因此用户体验需求也更加多元，这为数字科技企业输出运营能力、改善运营效用提供了迫切的现实需要。

2020 年，金融智能化服务需求激增，不少金融机构传统营销和服务渠道失速、失能，而线上获客、数字营销、智能风控、智能客服等线上化、智能化服务供给呈喷发状态[1]。据中国银行保险监督管理委员会（简称银保监会）和中国人民银行（简称央行）统计，截至 2020 年 11 月底，已有 2790 家商业银行网点被关停，ATM 机也减少了近 70000 台。依托金融科技“非接触银行”“开放银行”概念的盛行，多家银行在疫情期间推出无接触贷款，推行线上认证、电子签名等模式。

2. 推动释放新消费动能

金融科技是科技与金融融合创新的产物，在服务科技创新和产业升级方面具有重要作用。金融科技为线上消费场景提供了移动支付、智能营销、智能风控等高效服务，支撑在线购物、在线教育、在线娱乐、在线医疗等新消费逆势增长，从而进一步释放了居民消费的潜力，在一定程度上对冲了疫情对居民消费的负面影响。

1 杨芳《2020 金融科技“韧性+理性”》。

此外，金融科技在助力消费信息服务、消费金融产品创新等方面还发挥着重要作用。比如，在各地派发消费券过程中，金融科技可以在大数据挖掘的基础上，为精准识别居民消费的资金需求、监控资金流向、做好资金管理和探索消费金融产品的转化路径提供工作方向和决策依据。

未来几年将是中国 5G、物联网、工业互联网等新基建大规模部署的关键时期，在市场驱动与政策支持双重利好下，金融科技还将持续快速发展，为中国经济转型升级、国家治理能力现代化水平的全面提升创造新优势、打造新动能。

3. 支持中小企业复工复产

相较于大型企业，中小企业的资金实力和抗风险能力较弱，受疫情影响更为严重。金融机构借助科技"外脑"，能进一步提高金融精准扶持中小企业的能力。比如，运用技术对数据库中的小微企业进行甄选，再通过线上调研、数据模型风险分析圈定重点扶持的企业，进行精准放贷，提高小微市场主体首贷率和信用贷款占比，进一步降低其综合融资成本，与传统金融服务形成互补效应，更好地满足疫情防控和中小企业复工复产过程中的多层次金融需求[1]。银保监会初步统计，截至 2020 年 12 月末，全国小微企业贷款余额 42.7 万亿元，其中普惠型小微企业贷款余额 15.3 万亿元，同比增长 30.9%，较各项贷款平均增速高 18.1 个百分点。

比如，某银行利用区块链技术打造应收款链平台，充分发挥区块链技术信息共享可信、不可篡改、不可抵赖、可追溯的技术特征，将企业供应链中沉淀的应收账款改造成高效、安全的区块链应收款

1 陆书春《疫情下金融科技发展的优势与展望》。

加以盘活，从而实现对企业、特别是中小企业的线上资金“供血”。

二、金融科技谋变之路

金融科技具有数字化、跨界化、去中心化、去中介化等多重属性，这些特点让金融科技具有开源、共享、创新等优势，但同时也带来竞争、监管和共性发展等难题。第一，垄断的风险。大型互联网企业凭借技术优势掌握大量数据，形成数据孤岛，并逐步演化为市场垄断，造成不公平竞争；第二，业务界限不清晰的风险。金融科技公司可能会超范围经营，或者在服务客户过程中不满足适当性管理、信息披露、个人信息保护等要求，存在侵害消费者权益、非持牌经营等风险；第三，数据安全与金融消费者隐私保护问题，即部分金融科技公司存在强制、诱导用户开放授权，通过不规范手段获取、不当使用和转让用户数据的问题。

这些问题对原有的监管机制和监管手段带来新挑战。2020 年以来，中国从被动监管转向主动监管、从静态监管转向动态监管、从规则监管转向原则监管的趋势更加明确。这有利于加强监管技术开发、调整监管力度和做好监管协调，帮助金融科技公司缩短创新周期、帮助监管部门及早发现潜在风险、保护金融消费者权益，实现多方共赢。

未来，要进一步平衡、拥抱金融科技发展与防范金融风险的关系，既需要相关的市场主体严守合规底线，也需要政府和监管部门进一步探索构建符合中国国情、与国际接轨的金融科技创新监管工具。为此，我们有以下建议：

1. 坚守金融安全生命线

金融科技应主动拥抱监管，守住金融科技的风险底线。金融科技公司应深化安全认识，提升信息透明度，完善公司治理，将风险治理贯穿到全流程业务中，坚守金融安全生命线。同时，对不同业务进行区分与隔离，让金融回归金融，科技回归科技，并加强巩固各业务的内部屏障和防护墙。

2. 加快完善监管科技体系

针对金融科技，监管部门一方面需要近距离接触和了解新技术、新业务，把握金融数字化发展的新变化、新进程；另一方面需要秉持技术中性原则，积极发展监管科技，提升金融监管的效率，以避免监管技术的滞后牵制有效的金融科技创新和数字化转型。

从实践来看，中国正在积极推动监管科技发展，通过刚性底线和柔性管理的有机结合，对金融科技发展带来的新问题和新挑战给予适时、有效回应，最大程度地实现金融科技创新和有效防控金融风险的平衡。

3. 加快数据安全治理

金融数字化高度依赖信息与数据，安全、合规使用个人信息是金融科技行业发展的重要前提和基础。数据安全治理关系到数据要素的运用、数据话语权的确立，也关系到公平的市场秩序的建立。要加快数据权属相关立法，明确数据定位、归属内容和范围，从而为数据开放共享、交易流通和权益分配提供法律依据。同时，应规范数据交易和流通规则，建立公开透明的数据交易市场。此外，如何提升企业数据的数量和质量、是否应该建立统一的国家数据基础设施等问题，也是金融数字化和金融科技发展过程中需要进一步解决的问题。

三、金融科技的未来之路

金融科技是全球数字经济发展的核心驱动力，中国金融科技的创新发展已走在了世界前列。2020 年 11 月发布的《中共中央关于制定国民经济和社会发展第十四个五年规划和二〇三五年远景目标的建议》提出，构建金融有效支持实体经济的体制机制，提升金融科技水平，增强金融普惠性。未来，金融科技创新和监管将更加协调适应，推动行业走向健康理性。同时，伴随《金融科技（FinTech）发展规划（2019—2021 年）》的出台与执行，以及央行启动金融科技创新监管试点，中国金融科技行业潜力将继续释放。

根据艾瑞咨询的数据，中国金融科技的占比将由 2019 年的 20.5% 逐渐提升至 2023 年的 23.5%，在整体投入方向上，一部分为数字中台、分布式核心系统等平台及系统类建设，另一部分为智能科技、区块链等单类别技术的科技创新应用。

1. 科技创新是大势所趋

中国共产党第十九届五中全会将“关键核心技术实现重大突破，进入创新型国家前列”列入 2035 年基本实现社会主义现代化的远景目标当中，并明确提出，坚持创新在我国现代化建设全局中的核心地位，把科技自立自强作为国家发展的战略支撑。金融科技作为科技创新的重要组成部分，未来在创新服务实体经济、降低服务成本、提升金融行业效率方面将大有可为。

2.“授人以渔”服务实体经济

金融科技公司与金融机构的合作有两种模式：一种是“授人以

鱼”，即金融科技公司在与金融机构的合作过程中注重输出自己的产品和业务；另一种是“授人以渔”，即金融科技公司注重通过赋能金融机构来提升金融机构服务供应能力。

在实践中，需要重点防范第一种模式下科技公司与金融机构分工不当、职责不清，避免金融机构退化为资金渠道和金融科技公司风险与收益错配的潜在风险。与此相比，第二种模式是金融科技公司与金融机构合作的更好方式，金融科技公司可通过联结科技、产业与生态，促动实体经济降本增效，以及与金融供需有效对接，实现更高层面的共存共荣。金融科技公司通过技术优势、场景优势、数据优势和大数据风控优势，有助于实现金融服务供给与需求的精准测算和匹配，弥补金融体系服务实体经济的能力短板，缓释金融体系服务实体经济面临的约束，提升金融体系服务实体经济转型升级的质量、效率和内在动力。

3. 助力普惠金融发展

金融科技携手金融机构，通过技术创新可以提升服务效率，进一步降低金融服务成本，支撑小微企业发展。“十四五”规划中明确提到，要构建有效的支持实体经济的体制、机制，提高金融科技的水平，进一步提升金融的普惠性。

金融科技在普惠金融中的使用，解决了普惠金融本身面临的信息不对称、融资成本和运营成本双高的难点。金融科技应发挥自身技术优势、数据优势和平台优势，拓展金融服务范围，将金融服务辐射到更多长尾客户，服务小微企业，助力普惠金融发展。

此外，金融科技还可以缩短和简化传统金融服务的流程，在风险控制范围内，快速、高效、精准地将服务延展到更多困难行业。这既解决了风险问题，又拓宽了业务视野，同时有效打通了金融服务实体经济的“最后一公里”。

第三章

全球逐鹿

数字科技的发展及其在金融领域的落地应用是一场“全球竞赛”。从欧美发达国家到拉丁美洲等新兴市场，再到海湾地区的转型国家，各地政府和企业机构都高度关注数字经济和数字金融的增长潜力，重视基于市场业态和客户需求的变化，以改进原有的商业模式、产品和服务。本章遴选了多个企业和政府案例，意在帮助读者更好地理解中国金融业数字化发展的外部环境和潜在竞争者。

第一节 欧洲的大数据评级机构

欧洲是全球范围内金融业数字化发展基础较好、水平较高的地区之一。与中国及其他一些新兴市场相比，欧洲金融业数字化发展的重要特征是，以银行为主体，将数字化的渠道、产品、服务、客群管理等深度嵌入银行经营模式和业务流程。在这里，我们选取了较有代表性的德国大数据评级机构 Kreditech，通过分析该创新企业的产生背景、业务模式、竞争优势和未来发展前景等，可以管窥欧洲领先的金融科技企业在平衡市场需求与监管要求等方面的最新实践。

一、企业背景概览

Kreditech 成立于 2012 年 2 月，总部位于德国汉堡，是一家基于大数据分析的在线借贷机构。Alexande Graubner-Müller 作为公司的 CEO 和联合创始人，带领该公司基于各类非常规数据源开发核心信贷评分技术，试图将业务模型和产品组合扩展到主流消费金融领域，运用机器学习算法优化信贷产品资产质量，提高用户在线金融服务的可得性与便利性。经过多年的发展，Kreditech 估值已超 5 亿欧元（如表 3.1 所示），受到包括 PayU、Blumberg Capital 等在内的全球和区域性金融科技投资机构的青睐。

表 3.1　Kreditech 的主要融资情况

时间	融资情况
2012 年 2 月	公司成立，总部位于德国汉堡
2013 年 9 月	获得 700 万美元 A 轮投资，由 Kreos Capital 领投，Blumberg Capital 等跟投
2014 年 6 月	获得 4000 万美元 B 轮投资，投资方为：Varde Partners、Blumberg Capital 和 Point Nine Capital
2015 年 1 月	获得 2 亿美元的信贷额度，投资方为：Victory Park Capital
2015 年 9 月	获得 9200 万美元 C 轮投资，投资方为：J.C.Flowers & Co.、Amadeus Capital Partners 等
2016 年 5 月	获得 1100 万美元 C-1 轮投资，投资方为：IFC
2016 年 12 月	获得 1040 万美元投资，投资方为：乐天（Rakuten）
2017 年 5 月	获得 1.22 亿美元的投资，投资方为：战略合作伙伴 PayU
2019 年 9 月	获得 2200 万美元的投资，由 Runa Capital 及未透露姓名的德国私人投资者领投，HPE Growth、Amadeus Capital Partners 等跟投
	Kreditech 总共筹集约 5.185 亿美元，估值超 5 亿欧元

据报道，Kreditech 的长期愿景是成为得到个人用户、电商合作伙伴与渠道商共同选择的领先消费贷款科技公司。截至目前，如表 3.2 Kreditech 的主要产品情况所示，其主要产品包括小额贷款、分期贷款、电子钱包及智能化的个人理财经理服务，它可以基于用户的信用评分，提供集信贷产品与财务规划等于一体的综合服务。在西班牙、印度等国，Kreditech 还可以通过 API 接口，为合作机构输出自身信贷产品和服务。

表 3.2　Kreditech 的主要产品情况

产品/服务	市场	详情			
		类型	贷款时限	最高贷款金额	年化利率
Monedo Now	西班牙、波兰	向个人提供购物分期贷款	6～48 个月	750€～5000€/1500z～20000z	24%～197.15%

续表

产品/服务	市场	详情			
		类型	贷款时限	最高贷款金额	年化利率
Kredito24	俄罗斯、西班牙	向个人提供快速小额信贷	7～30天/16～30天	75€～750€/2000€～15000€	365%～547.5%
Lending-as-a-Service	西班牙、印度	向合作伙伴提供将 Kreditech 信贷产品与自有平台与服务集成的 API 接口及相关服务			

Kreditech 目前已覆盖俄罗斯、印度、西班牙、波兰等全球多个国家，并在罗马尼亚等国设有办事处。从近年来的情况看，波兰、西班牙等国是 Kreditech 经营的主要市场。Kreditech 在西班牙推出的短期小额贷款，日利率为 1%～1.5%，转换成年化利率则最高可达 500%以上，产品盈利能力十分惊人。

二、业务模式分析

与银行等传统金融机构相比，Kreditech 主要服务缺少信贷历史的潜在用户。对其而言，存贷款、担保、理财、信用卡使用等金融属性较强的数据较为匮乏，需要在更广泛的用户生活场景中积累有效信用数据。Kreditech 在不断地拓宽信用评价的维度，通过引导申请用户开放其银行账户的交易记录、Facebook、eBay 等数据来源，基于对金融、社交、支付、电商、生活，甚至手机使用和地理位置信息等综合数据的采集和挖掘，形成全面覆盖的个人数据档案，并运用机器学习技术来分析用户的真实信用水平，以此评估诈骗或拖延还款的可能性。

截至 2019 年，Kreditech 已构建了超过 2 万个不同维度的数据点，包括用户填写问卷的时间，用户在输入平均收入、有效居住地、雇主信息时是否犹豫，以及其在填写关联信息时的相互矛盾情况、按取消键的频率等。基于以上信息，Kreditech 可以有效判断申请人是否为用户本人、能否代表用户真实的借款意愿，以及不同身份特征、需求偏好用户的合适价格区间。同时，根据风险评估结果提供具有个性化的利率报价、贷款金额及期限等产品要素选择。值得注意的是，用户数据获取及信用评估在几分钟内即可完成，一旦贷款申请通过，通常在 15 分钟内即可放款至用户账户，实现全流程极简化、用户操作无感化。

三、竞争优势对比

Kreditech 的主要竞争优势在于其所掌握的机器学习技术。通过技术运用，其信用评分模型可有效处理各类非常规数据源，进行用户的精准洞察，为无法从传统渠道获取信贷的用户提供金融服务。普华永道的一项调查显示，在金融市场发展较成熟的英国，难以从主流渠道获得信贷的成年人口为 1000 万～1400 万人，占成年人口总数的四分之一左右。在金融市场欠发达的部分发展中国家和新兴国家，这一比例可能更高，这一市场空间为 Kreditech 展业创造了巨大机遇。此外，Kreditech 基于技术优势，可以切实解决用户在申贷过程中体验较差的痛点。通过采用自动信用申请处理流程，风险评估和利率报价反馈时长可降至几分钟，支持 100%的在线操作，实现 7×24 小时长效服务，相比传统金融机构优势突出。

四、未来前景展望

2018 年以来，伴随公司管理层面出现的一系列新调整，预计

Kreditech 在战略选择上还将发生新的变化。

首先，目标客群定位变化。可以看到，Kreditech 正在将主要服务对象由几乎没有信用记录的“白户”转向“近优”借款者，即拥有一定的信用记录，但未达到银行等传统渠道门槛的用户群体，应用数字科技能力经营这一群体。

其次，产品推广策略调整。Kreditech 将其核心产品由小额贷款产品转向期限较长、风险更低的分期贷款产品，从而与其目标客群定位调整策略相适应，追求更加稳健的经营业绩，持续压降贷款减值水平。

最后，全球市场布局优化。过去，Kreditech 更多立足于波兰、西班牙和俄罗斯的成熟市场，目前正在转向印度等具有巨大潜力的新兴市场。早在 2017 年，Kreditech 就开始申请，并于次年 10 月获得由印度颁发的首个数字 NBFC 许可证，这为开拓印度万亿美元消费金融市场奠定了基础。

值得注意的是，Kreditech 在迈入印度等新兴市场的过程中，积极顺应当地市场和监管政策环境，将自身定位于既有金融机构的合作方、金融市场基础设施的重要提供者。通过增强自身技术能力的可用性和可扩展性，Kreditech 推出了基于金融云的银行新核心系统 Manbu，为支持消费信贷全行业数字化发展提供了更多解决方案，也为拓宽自身经营方向、特别是为获取更多轻型收入创造了有利条件。

第二节　拉美的虚拟信用卡

长期以来，拉丁美洲（下文简称拉美）的金融服务市场一直呈现寡头垄断局面。以巴西为例，五大传统银行占据的信贷市场份额超过 85%，信贷成本高居全球前三，其中平均贷款利率在 40%以上，净息差在 30%以上，远高于其他新兴市场。近年来，以 Nubank 等为代表的新型金融科技公司异军突起，正在成为改变市场竞争格局、推动普惠金融深化发展的排头兵。作为其拳头业务，虚拟信用卡也正在拉美市场上快速发展，受到全球瞩目。

一、企业背景概览

Nubank 于 2013 年成立，总部位于巴西圣保罗，主要产品和业务包括完全由 App 管理的数字银行账户、虚拟信用卡及个性化个人信贷。截至 2019 年下半年，Nubank 已完成 F 轮融资，累计融资金额总计 8.2 亿美元，企业估值超百亿美元，成为拉美第一家金融科技独角兽企业。值得注意的是，其不仅得到了红杉资本、DST Global、TCV 等国际领先金融科技投资者的青睐，还得到腾讯控股在拉美的首笔 2 亿美元投资，成为中资背景的金融科技公司抢占拉美市场的重要桥头堡。

Nubank 的 CEO 是毕业于美国斯坦福大学金融学院的哥伦比亚

人 David Velez。Velez 在创业前曾任红杉资本的合伙人，负责红杉资本在拉美的投资。2013 年，美国金融科技创业风口正盛，Stripe、Lending Club、Prosper 等公司先后获得巨额融资。受其影响，David Velez 与友人 Cristina Junqueira、Edward Wible 共同创立了 Nubank，其愿景是借助数字技术赋能，提供更加公平、便捷、透明的金融服务，重塑用户数字化的财务生活。2019 年 10 月，Velez 宣称 Nubank 已覆盖超过 1500 万巴西本地用户，环比上季增加用户数高达 500 万人。表 3.3 为 Nubank 的融资情况。

表 3.3　Nubank 的融资情况

日期	轮次	投资方	金额
2013 年 7 月	种子轮	红杉资本、Kaszek Ventures 等	0.02 亿美元
2014 年 9 月	A 轮	红杉资本	0.14 亿美元
2015 年 6 月	B 轮	红杉资本、Tiger 等	0.30 亿美元
2016 年 1 月	C 轮	皮特泰尔创业基金	0.52 亿美元
2016 年 4 月	债权融资	Goldman Sachs	0.56 亿美元
2016 年 12 月	D 轮	DST Global、Founders Fund 等	0.80 亿美元
2017 年 4 月	债权融资	Fortress Investment Group 等	45500 万雷亚尔
2018 年 3 月	E 轮	DST Global 等	1.50 亿美元
2018 年 10 月	E+轮	腾讯控股	2.00 亿美元
2019 年 7 月	F 轮	TCV、腾讯控股等	4.00 亿美元

二、业务模式分析

信用卡业务是 Nubank 最早选择的突破方向。在巴西，由于治安环境相对较差，银行用户的一大痛点是到线下网点开立账户、办理业务十分不便。此外，由于社会信任成本偏高，大多数金融机构的信用卡不仅申请流程极为繁杂，年化利率亦达到 400%以上，这就意味着在这个超过 2 亿人口的大国中，大多数人难以享受到便捷的信用卡支付服务。

在此背景下，Nubank 推出的虚拟信用卡特点是：第一，可以通过 App 即时申请，不需要用户在现场提供资料或见证面签。第二，免收年费，且其信用卡的年化利率最高为 168%，远低于一般传统银行。第三，与 Nubank 的个人贷款、积分奖励计划等其他业务线及产品权益打通，可为用户提供更具竞争力的增值服务，包括机票、酒店、餐饮等通用权益，以及与时尚品牌合作的定向优势权益等。Nubank 的业务模式见表 3.4。

表 3.4　Nubank 的业务模式

产品	开通要求	提供的服务及费用
信用卡（与万事达合作）	需通过信用卡审查，无须任何申请费用或年金	支持超过 300 万个企业便利、安全付款，享受万事达卡各项福利；提供支付分期，可在 App 上获得利息折扣；可在 App 上了解使用信息，申请信用额度；循环贷款利率为 2.75%～15%/月，分期付款利息为 0.99%～13.75%/月
个人贷款	Nubank App 上插卡个人贷款选项即可申请	年化利率 25.2%～60%，可分期 1～24 期，首期付款最多 90 天内可支付；贷款流程可在 App 内模拟、申请、签约，并支持贷后付款管理；当新贷款条款较之前更好时，可自主进行贷款余额转移
Nubank Rewards（积分奖励计划）	首月免费试用；开通需缴纳年金，可随时取消服务；推荐给每月信用卡支出超过 1600 雷亚尔的用户	使用任意绑定信用卡消费 1 雷亚尔可获 1 积分（时有特殊促销积分），无兑换时限要求；可使用积分抵扣合作伙伴消费，如餐厅、酒店等；App 实时展示积分累积情况，支持兑换操作等

目前，Nubank 是巴西国内市场服务金融用户数量排名第六的机构。通过收取用户的刷卡交易费用，以及用户开通积分奖励计划（Nubank Rewards）后可能产生的其他收入，Nubank 的整体营收在 2015 年以后快速增长，到 2018 年已增至 4.7 亿雷亚尔[1]，年平均增速 300%以上。除了布局本地市场，Nubank 还实行更加积极的国际扩张计划，2019 年在墨西哥、阿根廷等国家相继推出产品及服务。

三、竞争优势对比

拉美金融服务普及率低、服务质量不高，传统的金融服务渠道难以有效触及全部信贷需求人群，市场缺口仅次于中东及北非地区，高居世界第二。Nubank 以数字科技手段切入，重点针对 Underbanked/Unbanked[2]等目标人群，在巴西、墨西哥具有巨大市场空间。2019 年 10 月，益普索和 Nubank 推出的联合调查结果（见表 3.5 巴西各群体金融服务的调查结果）显示，59%的受访者表示开通数字账户的原因是“开户便捷”，54%的受访者表示“App 可解决所有问题”，说明金融服务的线上化、虚拟化仍有较大的拓展空间。

表 3.5　巴西各群体金融服务的调查结果

题目	选项	得票率
前往营业厅的原因	取款	62%
	支付账单	59%
	办理一般性业务	47%
	咨询	26%
	其他	3%

1 巴西货币名称。

2 无银行账户人群。

续表

题目	选项	得票率
开通数字账户的原因	开户便捷	59%
	App 可解决所有问题	54%
	无服务费	49%
	无须前往营业厅	44%
	有盈利优势	30%
	新奇	28%
	其他	3%

需要指出的是，Nubank 不是巴西唯一推出数字账户和虚拟信用卡的机构。2014 年，Banco Inter 同样推出了数字账户，支持用户线上申请开户，由 App 实现完全在线的操作管理。2018 年，Banco Inter 在巴西本土完成 IPO，是最近十年来首家上市的巴西零售银行。

如表 3.6 所示，Nubank 与 Banco Inter 的区别在于：Nubank 虽于 2018 年 1 月获得银行牌照，但并非真正的银行，仅能提供最基本的付款、转账、贷款、信用卡等业务，而 Banco Inter 是一家典型的传统银行。在具体业务上，Nubank 虚拟信用卡凭借无年费、有特色的配套增值服务及更便捷的线上操作流程等优势，构建了一定的用户基础，但该机构的数字账户产品因为不具备存款/支票账户的全部功能，用户操作较为受限，在业务拓展上受到一定制约，目前覆盖用户数量为 400 万人左右。此外，由于虚拟信用卡和数字账户均基于网络数字环境，用户不掌握实体卡片、交易安全完全依靠线上密码，其网络安全问题一直备受关注。Nubank 正在推动与全球四大网络安全设备厂商之一的 Fortinet 合作，进一步提升在虚拟环境中的多层防御能力，以期更好地规避线上用户的伪冒欺诈风险。

表 3.6　Nubank 与 Banco Inter 对比

机构	Nubank	Banco Inter
成立时间	2013 年（2018 年成为独角兽）	1994 年（2018 年上市）
企业定位	以虚拟信用卡为核心产品的数字金融服务公司	100%的数字银行
业务范围	提供数字账户、信用卡、个人贷款及配套的积分奖励计划	提供存款、贷款、投资、保险、信用卡等服务
客户数量	Nuconta 客户 800 万人，信用卡持卡人 1200 万人	数字银行客户 400 万人以上
企业估值	百亿美元量级	30 亿美元左右

四、未来前景展望

在全球贸易争端不断演进、世界经济特别是新兴经济体增速放缓等外部不利因素的影响下，巴西未来的经济形势不容乐观。以巴西为最主要市场的 Nubank 未来将继续面对经济环境不稳定、基础设施不完善、消费支付需求不振等变量的扰动。此外，在取得一部分的银行牌照后，Nubank 还需进一步提升自身风控与合规运营能力，特别是要持续达成季度准备金等标准，避免被本地监管机构处罚和强制清算。

2019 年以来，Nubank 积极进行国际扩张，特别是在拉美第二大经济体的墨西哥推出其金融产品及服务。作为人口过亿的重要大国，墨西哥已成为 Facebook 的全球第五大市场、YouTube 的全球第九大市场和 Uber 的全球第三大市场，其智能手机的普及率超过 85%。根据全球 Findex[1]数据库统计，63%的墨西哥成年人口从未获得过金

1 Findex 是全球著名的数字资产交易平台之一。

融服务。

因此，墨西哥这种金融服务普及程度较低、生活数字化程度较高的市场发展现状，或能为 Nubank 等新型金融科技机构的开拓发展提供良好环境[1]。可以预见，在其国内众多玩家相互竞争、外部参与者不断涌入的整体环境下（如表 3.7 所示），未来墨西哥市场将上演一场数字银行争夺用户、筹集资金的大比拼，这将为 Nubank 和类似的新型数字银行带来更多机遇和挑战。

表 3.7　墨西哥市场的数字银行竞争业态

机构	成立时间	相关信息
Albo	2016 年成立于墨西哥	提供数字账户、虚拟信用卡，拥有客户 15 万人，为第三大信用卡发卡行
Klar	2019 年成立于墨西哥	提供 App 程序管理的数字账户及借记卡，融资规模为 5750 万美元
Nubank	2013 年成立于巴西，2019 年进入墨西哥	提供数字账户和虚拟信用卡
BNXT	2016 年成立于西班牙	提供移动程序管理的账户，宣布将进入墨西哥市场

1 金天《拉美虚拟信用卡先行者》。

第三节　阿联酋的数字金融实践

阿拉伯联合酋长国（下文简称阿联酋）是从传统产业转向新兴产业的典型国家代表。多年来，阿联酋为摆脱对石油产业的高度依赖，不断加大旅游、工业、基建、数字经济等领域的资金投入，推进经济多元化政策。伴随互联网、大数据、云计算及区块链等数字科技创新加速和应用加深，数字经济正在成为该国转型升级的“利器”。数字科技作为数字经济中的核心一环，已成为阿联酋经济转型、提升国际竞争力、发展新赛道的重大战略。

一、阿联酋的数字环境

阿联酋是由阿布扎比、迪拜、沙迦等 7 个酋长国组成的联邦国家，位于阿拉伯半岛东部，国土面积约 8.36 万平方千米，被誉为世界上最富裕的国家之一。根据世界银行数据，阿联酋人口从 2017 年的 948.72 万人增至 2018 年的 963.09 万人，人口增长率为 1.5%。阿联酋联邦竞争力和统计局数据显示，2018 年该国实际 GDP 总额为 1.44 万亿迪拉姆（约合 3920 亿美元），GDP 增速（按不变价格计算）为 1.7%，人均 GDP 为 4.3 万美元。

阿联酋经济高度依赖石油行业，2018 年经济数据显示，石油部分（包括石油产业和天然气产业）贡献了 GDP 的 30%，与数字科技相关的信息通讯占比 5.9%，专业、科学和技术活动占比 2.5%，总体较低。受石油减产等因素影响，阿联酋经济增速有所放缓（如图 3.1 所示）。为此，阿联酋积极推进经济多元化政策，加大旅游、工业、基建和数字经济等领域的资金投入，数字科技得到的重视程度与日俱增。

图 3.1　阿联酋 GDP 增速（按不变价格计算）

1. 数字科技多次写入国家战略

阿联酋是较早实施电子政务计划的国家之一。2001 年，该国政府开始推动数字政府战略，致力于建设智慧城市，推动“阿布扎比电子政务数字化”和“智慧迪拜”的建设。2012 年，阿联酋推出《2012—2014 联邦电子政务计划》，提出推动数字服务的全面采用目标。2013 年 5 月，阿联酋副总统兼总理穆罕默德发起“移动政府”计划，其目标是将客户服务中心迁移到每台客户设备中，使他们能够随时随地通过手机获得所需服务。经过多年实施和布局，阿联酋电子政务服务覆盖度居阿拉伯国家之首。根据 2017 年早稻田国际电子政务排名调查，阿联酋在数字政府推广方面全球排名第九。

数字科技议题也曾被多次写入阿联酋的国家战略规划。2010 年以来，阿联酋已发布至少 8 个涉及“数字科技”相关议题的国家战略。其中，2010 年发布的《愿景 2021 国家议程》，在国家创新战略部分明确了数字技术将成为阿联酋最重要的七大国家支柱之一。2014 年发布的阿联酋国家创新战略提到，其目标是成为世界上最具创新性的国家之一，同时要求政府机构减少 1%的支出，以用于研究和创新项目。2017 年，阿联酋第四次工业革命战略（Fourth Industrial Revolution，4IR）发布，提出通过打造智能化、互动性、全天候服务政府，实现未来政府发展途径，并将阿联酋定位为使用人工智能实现可持续发展、互动城市的典范。

阿联酋还发布了针对数字技术的国家战略规划。2018 年发布的阿联酋 2021 年区块链战略明确提出，2021 年以前阿联酋 50%的政府业务将应用区块链平台。2019 年发布的“国家人工智能战略 2031”提出，建立人工智能创新的孵化器和提供数据驱动的基础设施以支持人工智能实验等八大战略目标。

2. 数字基础设施相对完善

完备的 ICT[1]等基础设施建设和高网民覆盖率为阿联酋的数字科技发展提供了重要支撑。根据《全球竞争力报告》中的 2019 年全球竞争力指数（GCI），阿联酋信息与通信技术行业（ICT）发展程度排名全球第二，其中移动蜂窝电话用户排名第二，全球移动宽带用户指数排名第一，光纤互联网用户排名第四，互联网用户排名第五，在固定宽带互联网订户方面全球排名第二十七。根据联合国 2019 年发布的全球竞争指数，阿联酋在电信基础设施指数 TII 中排名第二。

1 ICT（Information and Communication Technology）即信息和通信技术。

公开数据显示，阿联酋互联网普及率 99%，活跃互联网用户达 952 万人。移动社交媒体用户占比 92%，其中有 880 万人通过移动电话积极参与社交活动。截至 2018 年 9 月，阿联酋在 FTTH（光纤到户）渗透率上排名全球第一。

阿联酋电子通信服务主要由阿联酋电信 Du 和迪拜电信 Etisalat 两大巨头垄断，2017 年 Du 母公司还推出了独立子品牌 Vrigin。由于缺乏充分的市场竞争，阿联酋电信业已形成双寡头格局，这也导致其宽带成本居高不下（如表 3.8 所示）。根据德意志银行 2019 年 1 月发布的数据，迪拜是世界上最昂贵的互联网城市之一。迪拜每月 8Mbps 的宽带成本为 82 美元，当地上网费用比纽约高出近 60%。阿联酋电信监管局（TRA）试图改善电信本土服务，近年来相继出台了多项政策。比如，不允许电信服务供应商 Etisalat 和 Du 对前往用户所在地进行不稳定或中断维修电信服务收取费用；发起“覆盖”计划，以测试和分析整个阿联酋运营商网络的质量并模拟用户体验等。虽然阿联酋宽带速度稳步提升，但资费成本问题仍受诟病。

表 3.8　阿联酋主要品牌的电信服务资费情况

机构	不签合约套餐	最低签约套餐
Du	25 迪拉姆/月 35 分钟通话	150 迪拉姆/月 300 分钟通话+6GB 流量
Etisalat	50 迪拉姆/月 50 分钟通话+100M 流量	150 迪拉姆/月 300 分钟通话+6GB 流量
Vrigin	79 迪拉姆/月 50 分钟通话+1GB 流量	365 迪拉姆/月 300 分钟通话+7GB 流量

二、阿联酋数字技术发展概况

1. 5G

5G 技术的启动或能帮助阿联酋实现其全球竞争力目标，特别是实现其在网络服务指数 OSI 领域达到全球第一的目标，并在网络就绪指数 NRI 中进入前十名。2016 年以来，阿联酋就加入了全球首批开展 IMT-2020 高级技术试验国的行列，计划在移动性方面体验超宽带吞吐量。阿联酋电信监管局制定了 2016—2020 年路线图，详细介绍了 5G 推进计划。阿联酋还成立了由总干事主持的指导委员会，负责监督和领导，委员会下设光谱、垂直行业和网络三个小组委员会。

阿联酋运营商从 2018 年年初开始分阶段部署 5G 网络，允许使用统一频段和开发 ICT 基础设施。2018 年 11 月，TRA 向两家现有运营商发布了 3.3MHz 至 3.8GHz 频率范围内的 100MHz 频段，以提供 5G 服务。阿联酋两大电信运营商已逐步推出 5G 服务，Etisalat 计划在 2019—2020 年部署 900 个启用 5G 的基站，Du 计划部署 700 个 5G 基站。2019 年 6 月，Etisalat 正式推出 5G 商用服务，成为中东和北非地区第一家在阿联酋推出 5G 商业化服务的运营商。根据 Carphone Warehouse 发布的全球连通性指数——“连接性指数”，2019 年，阿联酋在启动和部署 5G 网络方面位居阿拉伯国家第一，全球范围内排名第四。阿联酋人口稠密地区主要城市的 5G 覆盖率为 80%。

2. AI

根据普华永道报告，预计 2030 年，阿联酋人工智能的贡献率将接近 GDP 的 14%。阿联酋的目标是到 2031 年成为 AI 世界领导者，创造高达 3350 亿迪拉姆的额外增长。2017 年，阿联酋任命奥马尔·乌莱马为人工智能国务部长，这是全球首位人工智能国务部长。同年，阿联酋发布阿联酋第四次工业革命战略，重点强调人工智能技术的重要性。2018 年，阿联酋内阁批准组建“人工智能委员会”，监督政府部门和教育部门中的 AI 集成。2019 年，阿联酋宣布开启 10 年人工智能战略，这也是全球首个 AI 类别国家战略。迪拜的一份外国直接投资报告称，在 2015 年至 2018 年，迪拜吸引了逾 210 亿美元的外国直接投资用于 AI 和机器人项目。

目前，阿联酋在医疗、交通等领域的人工智能应用已有诸多成功案例。比如，2018 年，卫生和预防部为 Al Qasimi 医院提供了一种新的机器人设备，以进行复杂的导管插入术和心脏外科手术；迪拜的道路和交通管理局（RTA）在当地整合了一个机器人操作的车辆牌照制造商，全自动机器每天可生产 3.3 万个印版。

3. 区块链

阿联酋区块链布局相对较晚，但近几年重视度越来越高。根据 2018 年发布的阿联酋 2021 年区块链战略，2021 年以前阿联酋 50% 的政府业务将应用区块链平台。阿联酋区块链战略聚焦 4 个主题：提升居民幸福度、提高政府运行效率、推进科技立法和提升国际领导力。阿联酋试图以政府部门为突破口，探索在政府部门采用区块链技术进行交易的模式。为此，该国启动 2021 年阿联酋航空区块链战略和迪拜区块链战略。战略提出，到 2021 年，将有 50%的政府交易转变为区块链平台，在 2020 年将迪拜变成第一个完全由区块链提供动力的城市。

目前，区块链在阿联酋还处于研究测试应用阶段。比如，阿联酋道路和交通管理局正在研究一个使用区块链技术创建车辆生命周期管理系统的项目，该系统是 Dubai 10X 计划的一部分。迪拜电信服务提供商基于区块链技术开发了全国首个金融公文交换平台。

4. 量子计算

近年来，阿联酋正加大布局量子计算领域的研究和投资合作。在研究层面，阿联酋哈利法科学技术大学的量子计算研究小组（QCRG）在量子计算研发中扮演了重要角色。QCRG 在提供安全通信、高效大数据的通信协议分析、机器学习和人工智能等方面与学术界和产业界合作，取得了量子计算及其创新应用领域的研究成果。

在对外合作方面，阿联酋和全球科技巨头在量子计算领域开展合作。2019 年，阿联酋与加拿大公司 D-Wave 合作，迪拜未来博物馆（Museum of the Future）安置了该地区第一台量子计算机；2018 年，迪拜电力和水务局（DEWA）与微软合作，开展了首个强化量子计算培训计划，使其成为美国境外第一个参与该计划的机构；2019 年，三星电子和阿联酋政府支持的风险投资基金，投资了美国量子计算初创公司 IonQ，此轮投资总计 5500 万美元[1]。

三、阿联酋数字技术的应用

阿联酋数字技术的应用集中在电子商务、网贷众筹、支付、保险科技和财富管理等领域。其中，电子商务、网贷众筹和支付等领

1 杨芳《概览阿联酋数字科技实力》。

域应用相对成熟，其他领域还处于探索阶段。虽然，阿联酋数字科技应用领域较广，但整体起步晚，市场还不够成熟，场景应用规模不大。从参与主体来看，外资龙头企业占据市场优势，缺乏本土独角兽企业。

1. 快速增长的电子商务

近年来，得益于高互联网普及率和世界一流购物目的地的声誉，阿联酋电子商务迅速发展。根据 VISA 在 2019 年发布的报告，预计 2019 年阿联酋电子商务销售额达到 160 亿美元，2018 至 2022 年每年平均增长 22%。比较知名的企业有：Souq、Noon、Awok、Gearbest、Jumia、Nisnass、AliExpress、Namshi。

Souq 是阿联酋最大的电子商务平台之一。Souq 由 Ronaldo Mouchawar 和 Samih Toukan 于 2005 年联合创立。最初，Souq 是一家与互联网门户网站 Maktoob 连接的拍卖网站，2011 年逐渐转变为在线购物网站。2017 年，亚马逊以 5.8 亿美元收购了 Souq，改名为 Amazon.ae。此项收购为亚马逊进入中东和北非地区铺平了道路，2019 年 4 月，亚马逊开始进驻中东市场。

2017 年，伊玛尔地产公司董事长 Mohamed Alabbar、沙特阿拉伯公共投资基金和科威特特许经营公司 MH Alshaya 合资成立了阿拉伯语电商购物平台 Noon。Noon 主要售卖电子产品、美妆、时尚、家居等用品，在短短几年时间里已发展成为阿联酋第二大在线购物网站。

此外，阿里巴巴旗下的全球速卖通（AliExpress）、深圳市环球易购电子商务公司推出的跨境电商网站 Gearbest 也已在阿联酋布局，并占据一定市场份额。

阿联酋电子商务市场主要有几大特点：第一，独特繁荣的购物中心文化，传统的实体零售商和购物中心采用线上线下融合发展的模式，线上电商一般也会在购物中心建设线下体验店，以适应阿联酋的购物中心文化；第二，针对阿联酋网民的海外购物习惯，选用阿联酋以外的在线门户网站；第三，电子商务以零售产品为主，其次是电子产品；第四，政府电子商务遥遥领先于其他商务领域。

2. 服务小微企业的网贷众筹平台

近年来，阿联酋政府鼓励网贷、众筹平台的发展（见表 3.9），以此解决小微企业融资难的问题，助力普惠金融的发展。根据 Khalifa Fund 的数据，传统银行拒绝了 50%～70%的中小企业资助申请，中小企业贷款占阿联酋未偿还银行信贷不到 4%，低于中东和北非地区 9.3%的平均水平。根据经济部的数据，阿联酋约有 35 万家公司属于中小企业类别，占阿联酋 GDP 的近 60%。预计到 2021 年这一数字将增长到 70%。

表 3.9　阿联酋主要网贷众筹公司

公司名称	概述
Beehive	阿联酋最受欢迎的网贷平台之一。该公司以 DFSA 正式授权和监管的第一个商业在线贷款平台而闻名
Eureeca	一家股权众筹创业公司，在迪拜、伦敦、阿姆斯特丹和吉隆坡设有办事处，是 DFSA 许可的首项此类服务
Humming Crowd Realty	Humming Bird Holding 的子公司，Humming Bird Holding 是一家位于阿联酋的投资控股公司，旨在刺激本地初创企业、中小企业和其他业务的增长
Zoomaal	捐赠平台，由 Wamda，Middle East Venture Partners，Hivos，Cairo Angels 共同倡议
Durise	阿联酋首个房地产众筹平台，该平台已在中东和北非地区推广

2013 年，Eureeca 成立，成为第一个获得迪拜金融服务局官方认证的股权众筹平台。2014 年，阿联酋第一个点对点平台 Beehive 成立，标志着阿联酋互联网金融进入新发展阶段。Durise 是阿联酋首个房地产众筹平台，目前已在中东和北非地区推广。

阿联酋中央银行、阿布扎比金融服务管理局（FSRA：ADGM 监管单位）和迪拜金融服务管理局（The Independent Regulator of Financial Services，DFSA）是金融科技的主要监管机构。为推动本土金融科技的发展，阿联酋政府开展了多项创新监管试点，以营造良好的市场环境。阿联酋中央银行（Central Bank of the United Arab Emirates，CBUAE）采用众包技术来增强阿联酋金融业的监管框架并支持金融技术业务的发展；迪拜国际金融中心（Dubai International Financial Centre，DIFC）推出 Fintech Hive，为金融科技创新注入了新的活力，DFSA 在 2017 年 5 月推出了金融服务许可证，即“创新测试许可证”，根据该许可证运营的金融科技公司在处于测试阶段时不需要遵守 DFSA 的所有规则；阿布扎比全球市场（Abu Dhabi Global Market，ADGM）于 2016 年 11 月推出了“监管沙箱”——监管实验室（Regulatory Laboratory，RegLab），该监管框架旨在向 FinTechs 提供临时许可，以开发、测试和发布产品。2017 年，迪拜金融服务管理局为基于贷款和投资的众筹平台启动了新监管框架，发布了《贷款众筹条例》。该法规的引入确定和保护了参与阿联酋众筹活动的各方权利和义务。

3. 国家战略下的电子支付

2012 年被视为阿联酋移动支付元年，电子钱包 Beam 诞生。2017 年，外资支付巨头开始进军阿联酋支付市场，市场竞争日趋白热化。比如，三星在 2017 年上半年推出了 Samsung Pay，苹果紧跟其后在

10 月推出了 Apple Pay。随后，本地银行也陆续推出电子支付，比如 Eminrates NBD Pay 和 Mashreq Pay，非银行机构加速布局电子钱包，比如 Etisalat 的 Ewallet，MAF 的 Share Wallet，Trriple Wallet 等。

阿联酋智慧政府（Smart Government Initiative，SGI）倡议提到，在 2020 年年底，阿联酋将过渡成为一个无现金社会。2018 年 2 月，阿联酋中央银行宣布了国家支付系统战略。政府层面一系列的政策改革，极大地推动了本地移动支付市场的发展。

目前，阿联酋的非现金交易主要包括 POS 交易、传统银行线上支付和电子支票交易。2014—2018 年，阿联酋的非现金交易（包括 POS 付款，银行转账和支票）平均增长了 18%，银行线上交易复合增长率为 18%。Research and Market 报告预测，到 2025 年年底，阿联酋的移动支付市场将会达到 111.25 亿美元。

总体而言，阿联酋电子支付品类繁多，企业综合实力强，参与企业众多，但受央行监管政策、高线上交易成本、收单自成一体、用户习惯等因素影响，移动支付的发展仍困难重重。

4. 规模较小的保险科技公司

阿联酋保费科技行业发展较晚，目前市场上的公司多为初创公司，虽然整体规模较小，但受到中东和北方地区资本青睐。根据 MAGNiTT 发布的中东和北非保险科技投资数据，保险科技公司融资比较集中（如表 3.10 所示），大多数资金都集中在阿联酋，前 4 家企业就占了 99%的融资总额，拿到融资额排名前五的保险科技初创公司均来自阿联酋。

表 3.10　阿联酋主要保险科技公司

公司名称	概述
Aqeed	阿联酋获得资金最多的保险科技初创公司之一，于 2018 年 4 月在 A 轮融资中筹集了 1800 万美元
Democrance	成立于 2015 年，它通过手机应用让没有保险服务的人群获得保险服务，目前的市场渗透率还不足 10%
Souqalmal	一个针对所有主要金融产品的 B2C 比较网站。2012 年成立，目前在沙特阿拉伯、科威特和阿联酋开展业务
Bayzat	一家 B2B 技术公司，提供保险包和人力资源解决方案
Yallacompare	作为金融产品比较网站，Yallacompare 帮助人们做出更好的财务决策。它列出了各种产品类别的详细信息，从电话计划和航班到金融产品（如信用卡和保险计划）
Micro-Insurance	将大型保险提供商与移动运营商联系起来，通过手机向广大未保险地区提供基本保险产品的访问权限

比较有代表性的企业有 Aqeed、Democrance 和 Souqalmal。Aqeed 是阿联酋获得融资最多的保险科技初创公司之一，2018 年 4 月在 A 轮融资中筹集了 1800 万美元。Democrance 成立于 2015 年，提倡通过手机应用让没有保险服务的人群获得保险服务，目前的市场渗透率还不足 10%。Souqalmal 是一个针对所有主要金融产品的 B2C 比较网站，成立于 2012 年，目前在沙特阿拉伯、科威特和阿联酋开展业务。

阿联酋多外籍人口，占比超 80%，其中在低收入人口中近 80% 未投保，这意味着小额保险还有巨大潜力。随着大数据、云计算、区块链等技术逐渐向保险行业渗透，未来，阿联酋的保险科技市场潜力将进一步被释放。

5. 潜力巨大的财富管理平台

阿联酋致力于成为全球财富管理中心，它拥有中东最大的财富市场，也是全球第26大财富市场（按持有的总财富计算）。New World Wealth发布的《阿联酋2018年财富报告》显示，阿联酋人均净资产约为9.90万美元，远高于世界平均水平。高人均收入和高人均净资产为阿联酋财富管理市场提供了基础支撑。

阿联酋财富管理科技公司多为本土企业，包括iSlice、BitOasis、Wealth Solutions、Real Estate Investment、Investments和Budgeting。近年来，越来越多的公司采用科技手段提高财富管理效率，数字技术逐渐渗入理财、投资、融资、财务管理、借贷和保险等财富管理场景中。虽然，阿联酋财富管理科技公司仍处于发展初期，但高净值市场为其未来发展提供了非常大的想象空间。

四、阿联酋数字技术的发展空间

总体而言，阿联酋数字科技的发展有以下几大优势：数字经济多次纳入国家战略；互联网和移动网络覆盖率高，与成熟市场持平；ITC基础建设相对完善；拥有创新的金融监管框架；数字教育重视程度高；数字政府建设投入高，竞争力较强。

但相比数字科技成熟的市场和国家，阿联酋数字科技产业化程度不高，场景应用还不够成熟，经济贡献程度低，发展空间还很大。Mckinsey[1]在2016年发布的《数字中东》报告显示，阿联酋数字科技对经济的贡献为4.3%，美国为8%，欧洲为6.2%，阿联酋数字科

1 麦肯锡，全球知名顾问公司。

技潜力为 16.4%，还有待提高。

阿联酋的数字科技应用还存在诸多不足：数字化、产业化不够，场景应用不成熟，市场规模小；ICT 企业垄断，市场竞争不充分；数字科技独角兽企业较少；外资企业占据市场优势，本土企业没有竞争力；数字投资产业不够发达。

为此，我们建议：一是在政府层面，可以把以电子政务为重点的数字计划转变为全面的数字经济发展，授权国家数字机构，建立数字创新的政策框架，同时抓住大量公共 IT 支出的机会，大规模创建本土 IT 参与者；二是在企业层面，可抓住机会创建关键的数字平台，加强与国际数字巨头的合作，成立技术研究部门，拥抱技术创新，以应对不断变化的商业环境和竞争；三是在资金层面，可扩展数字风险投资资金，重视投资风险，做好风险应对，特别是联合其他国际机构进行战略投资；四是在教育层面，可创建数字课程，从小学到高等教育再到就业无缝学习，吸引和保留数字人才，招聘国际人才和开展国际培训合作。

第四章 智能获客

智能化是解放金融生产力的重要方式。进入产业数字化时代，利用技术实现智能获客，建立流量生态体系，挖掘潜在用户，实现自动化营销，是金融机构、各类市场主体的决胜关键。伴随线上流量红利见顶，流量之争转向生态模式之争，高线城市消费增长潜力放缓，下沉市场之争愈发激烈。金融机构可广泛吸取异业经验，探索开放平台模式，借助平台合作加快连接外部生态，降低获客成本，提升用户黏性，激发客群经营的长期价值。此外，伴随数字化营销技术的日趋成熟，金融机构还需关注下一个产业变革风口——物联网时代带来的营销生态重塑机遇，提升传统渠道的营销转化效率。

第一节　得下沉用户者，得未来

伴随个人计算机和智能移动设备的普及，全球互联网用户流量红利已有见顶趋势。从用户端看，移动互联网用户增速明显放缓，第47次《中国互联网络发展状况统计报告》显示，截至2020年12月，中国网民规模为9.89亿人，手机网民规模为9.86亿人，增速从2010年的18.6%下降到2020年的9.9%；中国国内市场上监测到的App（移动互联网应用）数量为345万款，较2019年减少22万款。从平台端看，网络黑产的虚假流量扰乱平台秩序，买水军、刷阅读量、卖“僵尸粉”等行为严重影响视频网站、直播平台、广告联盟、搜索引擎、电商等互联网平台对真实用户流量的有效监控和运营。从场景端看，垂直行业场景亟须新鲜流量注入，特别是部分互联网平台转而从线下场景中挖掘全新的流量价值，正在走出一条由采买流量到共建生态的新路径。在此情况下，具有更高成长潜力的下沉市场，日趋成为各类机构新一轮的战略重点。

一、下沉市场，面貌几何

在乡村振兴的宏观背景下，下沉市场是正在发生需求剧变的市场，投资消费的能力和意愿正在快速增强。数据显示，从2017年到2020年，中国农村网上零售额增速高于整体3%～7%。需要关注的是，下沉市场对品质商品有巨大的需求和爆发潜力，低端山寨商品正在逐渐被中端品牌商品所取代。其中，三线城市的增长表现最为亮眼，二、四线城市紧随其后。面对低线城市突然爆发的客户需求，各类机构如何抓住机遇，在这场下沉市场“战役”中，又如何实现突围呢？

行业研究表明，下沉市场主要包含三、四、五线城市及其他非线级地区，人口是一二线城市的 3 倍，人均收入可能只有一二线城市的 1/3。虽然农村人群的可支配收入和消费有限，但其增速远高于城镇居民。京东数字科技研究院与中国人民大学国家发展与战略研究院联合发布的《线上生活消费数据报告》显示：线上消费群体逐步呈现年轻化、下沉化趋势，线上消费向四五线城市渗透的速度加快。如果从不同城市的消费增长来看，那么消费下沉的趋势同样能得到验证：从人均消费额增长来看，二线城市增长最快，其次是五线及以下地区，一线城市增长最慢。一般而言，城市规模越小，线上消费增长越快。Mob 研究院在《2019 下沉市场图鉴》中提到，下沉用户主要有三个特点：一是“有钱有闲”，喜欢拉人砍价；二是对价格敏感，廉价远比品位重要；三是猎奇心重，乐于炫耀分享。基于此，不同企业对获客最为敏感的电商机构和互联网平台，率先尝试了以下几类“打法”。

1. 直播电商

熟人是打通下沉市场的一大利器，通过抓住这些“真假熟人”，才能在下沉市场的突围战中事半功倍。

“真熟人”：与大型城市不同的是，农村市场的特点是“熟人经济”，即商品的品牌、品类都是靠村民们口碑相传的，在“熟人经济”

模式下，全村人可能只用同一品牌的电器、穿同一品牌的服饰。而村里面也有众多 KOL[1]，包括村干部、教师、公务员等，其意见可能对其他村民产生重要影响。

“假熟人”：快手《2019 小镇青年报告》显示，快手在三线及以下城市的用户占比为 54%。基于主播与粉丝的高度信任，快手的转化率远高于其他平台。这些“土味主播”与下沉用户的生活十分贴近，他们之间的关系被称作“老铁关系”，虽然是“假熟人”，但同样有着长期建立的信任感。

2. 智能营销

相关企业运用数字技术，充分挖掘下沉市场数据，对用户行为、兴趣爱好、职业身份、消费意愿、消费目的、消费偏好等进行完整画像，进而根据数据分析结果进行精准营销，减少营销成本，提高营销效率和提升用户体验。比如，下沉市场消费者的关注领域由基本的衣食住行延展到休闲娱乐、时尚轻奢等各方面；购买决策多基于商品和服务的性价比，不同群体开始慢慢追求个性化、品牌化、高端化的新体验。

比如，与一二线城市用户相比，在抖音平台上下沉市场男性及 30 岁以上的熟龄用户明显更多，他们关注的内容更加多元分散，同时，明星、美食、影视娱乐、社科军工等细分类别内容的潜力很大。此外，小镇青年是下沉市场的重要群体，约占下沉市场用户的 40%。小镇青年摆脱了过去一代较保守的生活理念，显示出与都市青年更为接近的消费升级意愿，他们尤为关注服饰、美妆护肤、饮食、休闲娱乐等领域。

1 Key Opinion Leader，KOL，即关键意见领袖。

3. 农村电商

农村电商作为精准扶贫的重要抓手，对推动乡村振兴、促进农村产业升级、帮助农民脱贫增收起到重要作用。通过对农产品产业链的全方位变革，包括对农产品生产加工、农产品线上渠道、农产品品牌宣传、农产品物流供应链管理等各环节的整合重塑，其能带动农民群体全面参与，使农民群体广泛受益。值得注意的是，这不仅是简单地拉动下沉市场用户的购买力，更是通过充分盘活这一群体的生产生活需求，实现下沉市场的可持续增长[1]。

二、金融机构如何扎根农村

如前所述，广大农村在盘活存量市场、拓展增量市场中的重要意义日趋凸显。对传统商业银行，特别是区域性中小银行来说，发力下沉渠道、做好农村经营，更是其稳固业务基础、博取差异化竞争优势的“应有之义”。银行在思考农村经营战略布局时，至少应有四方面的认识：第一，做好农村经营，符合服务实体经济、特别是繁荣县域经济的战略方向。第二，农民客群为本行贡献了相当比重的存量客户与大量稳定负债，这是低成本资金优势的重要来源。第三，伴随城镇化、农业供给侧结构性改革加速推进，农民收入及其财富管理需求在不断增加。第四，部分银行在依赖农贷业务获取收入的同时，在农民客群交叉销售、综合经营方面十分薄弱，在各类互联网平台等新兴主体涌入农村市场的大背景下，面临自身客户流失的现实挑战。

---

1 李延东《下沉市场的“突围之战”》。

扎根农村市场的关键在农民客群经营，银行需要在较高的决策层面上增强对这项工作的战略关注。很多银行对“什么是农民客群”缺乏清晰、统一的有效认知，更谈不上在客群识别与细分的基础上，制定和推动差异化业务举措。实际上，农村是一个广义生态，又可进一步拆解为村镇、城镇、城市等细分生态。比如在村镇，农民客户既可能是粮食种植户，也可能是经济作物、蔬菜、水果、花卉等特色种植户，还有可能是养殖户或农家乐经营户。在城镇，农民客户可能是乡镇干部，也可能是当地企业主或小商户，这些都是广义上的农民客户。甚至城市中的农民工、城中村或城乡接合部的拆迁户，也有一定的农民属性，也可以作为农民客群项下的子客群开展专属经营。

银行在认知不同人群需求偏好的基础上，如何找好抓手，启动客群深耕呢？我们不妨从四个方面展开讨论：

1. 产品与服务策略

不难发现，农村生态下大部分人群都可以整合在对应的产业链中，实行全产业链经营。无论种养殖户、商户、企业主还是旅游经营者，都希望拓展更优质的客源、销路，能够扩大市场需求、维持价格稳定，提升产品和服务附加值，降低交易成本。银行可以发挥的作用首先是“融资”“融通”，比如，借助内部的公私联动、个贷与个金部门联动，改进农户与仓储、加工、核心企业之间的供需对接，实现养殖户与饲料、屠宰、冷链、销售企业之间的便利结算，优化旅游经营者与游客、商店、酒店之间的信息交互。其次，银行可以“融商”，帮助相关主体重构产品形态、流通渠道与客户来源，提升价值贡献。最后，还可以“融智”，促动业态升级，比如，帮助葡萄种植户搭建采摘园、酿酒工作坊，或者满足消费者可以吃到实时羊肉、定制化羊肉及可追溯羊肉的需求。在输出“四融”、营造产业链完整生态的同时，银行实现的是有真实场景依托的批量获客和长期稳定的结算资金沉淀。

对不便纳入特定产业链的其他细分客群，银行也可以“因群施策”，推广相应产品。譬如，对农村生态中线下号召能力强、带动效应突出的干部及其他热心村民群体，银行可专门推广聚存、拼购类产品，争取关键人承接整村营销活动、政府补贴及村社集体分红发放等，从而扩大获客覆盖面，留存储蓄存款。对存在城乡“双栖”属性的农民工，可定制资金归集功能，激励其使用银行转账和支付服务，吸引其在农村的父母、其他亲属成为银行新客户。对财富陡然增加、缺乏资产配置能力和经验的城市拆迁户，可针对性营销差异化定价的大额存款产品、稳健理财产品及其他财富管理产品，设计可以定时返现、助其家业长青的家族信托产品等，实现银行锁定长期资金与客户资产保值、增值的双赢。

2. 定价策略

从整体上看，农村客群既是价格和利率敏感客户，又是风险厌恶客户，但其农业生产、收入取得的不确定性又使银行很难维持较低定价水平，从而形成资金供求在定价要素上的错配。一个在激发客户需求的同时，又能够保证银行收入可期、风险可控的思路是：将单一定价模式调整为综合定价，包括对种养殖户的“存贷款组合定价”、对企业主和旅游经营者的“个人综合积分定价”，以及对干部、农民工、拆迁户等群体的“家庭整体定价”，从而将农民客户日常消费、支付的短期流动资金，嫁妆、随礼、建房等长期储备资金及家庭、家族往来资金集中留存在银行体系，有效增加储蓄存款与客户黏性，降低信贷客户违约概率与违约损失。

同时，银行还可以借力金融科技，量化计算不同产业链的农户的潜在收入、潜在风险，基于收入预测模型确定贷款额度，解决无抵押农户的融资难、融资贵的问题。计算农户在生产、交易各环节分别需要多少资金支持，从而确定信贷资源“精准滴灌”的规模和节点，在把控资金流向、确保还款来源、降低市场和信用风险的同时，也避免农户为“大水漫灌”式的粗放放款方式承担不必要的资金成本，最终实现合理定价，提升客户体验。

3. 渠道建设策略

农民客群对线下渠道有较强的惯性需求，比如，种养殖户有销售农牧产品、购买生产资料与消费日用品、进行生活缴费等需求，干部有村社集体收费和用款、集体分红与福利发放、集体活动的组织等金融或非金融需求，这些都在很大程度上需要通过线下渠道解决。银行在布设“村口银行”等网点渠道时，既要考虑到目标人群的便捷性要求，也要考虑其安全性诉求，比如，目标人群对新银行、新网点的认知和信任过程等。一个可以降低自建成本、赢取客户信任、强化综合价值的思路是：与政府机构、服务中心、供销社、合作社、电信营业厅、小商超、电商代购点等合作共建，在聚集人流、连接场景、互相增信各方面发挥作用。对在城中村生态下、不习惯或不信任线上渠道的拆迁户群体，则可以考虑优化选址模型，匹配特色化社区银行，满足客户的大额财富管理等需求。

此外，也有越来越多的农民客群开始产生线上渠道需求，比如，与金融直接相关的贷款融资、交易撮合需求，还有农牧业生产辅助指导、乡村旅游获客、农民工求职等非金融服务需求。对前者，银行可以考虑自建平台，如通过手机银行 App 的专门功能模块，在农户与收购商之间搭建信息发布、交易撮合、支付结算等桥梁，捕捉农户收款前或收购商销售回款前真实背景的资金需求，做好精准营销与大数据风控。对于后者，银行可以更多考虑接入外部开放平台的已有服务，比如，农业生产中的种子优选与话费利用、耕作技术与农机操作、科学养护与病虫害处理、天气预报与自然灾害预警等，乡村旅游中的客户转介、商业模式与风控评估，以及家装、家政等服务中的需求预约、报酬支付、积分奖励、相互评价等。银行更多地开展与互联网平台等外部渠道的合作，有助于丰富线上生态，激发客户活性，减少开发和运营成本。

4. 营销活动策略

与在城市群体中开展营销活动不同，农村营销首先要求接地气，这不仅体现在营销口号等表现形式上，更体现在对农村生态下各个典型生活场景、营销触点与时机的挖掘过程中。我们可以列举几类典型生活场景：一是婚嫁场景，从婚前、婚中到婚后，银行可以在客户生命周期的不同阶段营销存款、贵金属、保险等产品，挖掘客户长期经营潜力。二是建房场景，银行可以跟踪有财力、有能力建房的优质家庭客户，倾斜信贷资源，进行重点经营。三是丰收场景，银行可以针对不同农牧产品完善行业专案，主抓上下游结算和批量获客，做好收款客户的储蓄存款、财富管理和后续经营。四是节庆场景，在外打工、经商、上学人群集中返乡团聚，银行可以抓住人流密集期和家庭、社交关系亲密期开展系列营销活动，同时注重小商户、旅游经营者等群体的交易结算和资金沉淀[1]。

1 金天《商业银行应如何做好农村经营？》。

第二节　为什么需要开放平台

当前，各行业涌现出由自营直营模式向开放平台模式转变的典型实践。电商消费、出行、房产中介、信贷等中心化程度不高、产品和服务供给较为割裂、用户差异和个性化需求较为明显、信息不对称等相对突出的行业领域，更有可能率先成为开放平台的主攻方向，也为金融机构构建“开放银行”提供了有益借鉴。在深耕原有垂直领域的基础上，找准内在联系较强的衍生场景和需求，或成为开放平台由纵深发展迈向横向扩张、最终覆盖更大客户群体的有效路径。在这一过程中，银行等金融机构可与互联网平台、场景化机构等相向而行，合力激发行业发展的长期价值。

一、开放平台的价值贡献

开放平台是指通过API[1]、SDK[2]等形式，连接不同机构的服务功能模块，基于用户所处的时空情景，进行高度匹配的组合呈现，从而在成本可控前提下延展服务半径、提升服务质量和用户体验。

开放平台有助于解决线上场景高度分割、各方真实诉求都难以

1 应用程序的调用接口。

2 软件开发工具包。

得到一站式满足的需求痛点。对 C 端用户而言，其生活服务需求具有综合性、连贯性，一般不愿在移动端承载过多的 App，也不愿在达成一项或具有内在相关性的一系列需求时，不断跳转不同的 App。开放平台让用户旅程得以连续，无论在同一个超级 App 内完成业务办理，还是以 API、SDK 等形式实现在不同 App 内的无感连接，都可以更顺畅、更实时地满足场景化需求[1]。

以金融行业为例，银行等持牌机构直接转型社交、娱乐平台的难度极大，而社交、娱乐等场景 App 试图自建金融产品模块的尝试也没有成功，整合各自优势、打通场景连接成为摆在各方面前的现实选择。由此，近年来声势浩大的“开放银行”，成为开放平台在金融垂直领域的具体实践。

开放平台有助于破解市场分割和信息不对称带来的用户服务需求与机构获客需求不匹配的痛点。对 C 端用户而言，其在面对多种市场选择时，只能进行价格或收益等简单的比较，并不清楚各项产品的设计逻辑和真实目标人群，极易申请、获取对其并不具备可获得性或匹配度不高的产品。对平台提供方及其合作机构而言，一方面存在用户流量增长瓶颈，另一方面又面临目标用户难以转化、非目标用户流量难以经营、无效用户挤出有效用户等现实难题。提升用户流量在供求两端的匹配度，在满足更多用户需求的同时，促使相关机构减少流量漏损和浪费，成为开放平台重要的可为方向。

开放平台有助于打通不同场景、各机构间的数据连接，破解用户洞察割裂造成的风控效率低下及机构内部经营管理效能缺乏的痛点。对 C 端用户而言，其在面对不同场景、不同机构时被要求反复

1 金天《数字科技助力金融服务与开放场景深度融合》。

提供整体雷同的个人数据资料，这严重影响了用户体验。在开放平台条件下，C 端用户可以在准确识别身份、规避伪冒欺诈风险的同时，减少或避免手动提交、上传个人信息。平台方及其合作机构可以借助数字科技，把申请人同照片、面具、视频、录音或其他个体区分开来，快速锁定特定的申请人，并确认其真实申请意愿，避免造成不必要的用户骚扰。对平台合作机构而言，开放平台有助于打破数据孤岛，更好地判定不同渠道来源数据的真实性、准确性。

二、开放平台的行业实践

1. 电商消费市场

近年来，在电商消费市场规模触顶、用户体验需求不断提升的整体背景下，行业供给深度整合优化、用户经营更趋细化成为从业机构面临的重大课题。作为“高度动态不平衡”的市场，广大 C 端用户对商品价格和丰富度十分敏感，缺乏品牌认同与忠诚度，这促使开放平台模式可能在存量竞争的业态下脱颖而出。在平台模式下，传统电商不仅售卖自营渠道商品，还可以通过为商户等合作机构提供综合服务，同时满足用户端选择性价比高、匹配度高的商品的需求，满足商户端提供精准、有效服务的需求，并在这一过程中实现从引流模式创新到系统化运营升级的进阶。

Shopify 是全球知名的电商服务平台，其发展初衷是为中小企业搭建电子商务渠道，后成为云端商务平台提供商，帮助企业解决在电子商务中的托管、设计、数据分析、支付及其他技术支持问题。其在为 B 端商户提供一站式商业操作系统服务的同时，自身成交额也一路攀升，2018 年 GMV[1]达到 410.1 亿美元，相当于同期 eBay 的 45%。通过表 4.1 可知，Shopify 营造开放平台的考虑包括：第一，可以在流量见顶的行业背景下，携手第三方 App 丰富用户拓展与唤醒工具；第二，还可以转移自身技术开发的成本和风险。

表 4.1　Shopify 与 Amazon 模式对比示意

平台	Shopify	Amazon
适合商户类型	本身自带一定流量或有一定营销经验的商家	适合具有一定经验的贸易商，B2C 企业、品牌经销商
开店成本	没有中间平台付费，利润 100%属于自己	月租性质，店铺一个月的租金是 39.99 美元，上产品不交费的，佣金为 15%
店铺审核周期	无	一般三天到一周。在此期间仍然是可以上产品销售的
产品定位	独立的商店，灵活性和可控性会高很多，可以在提升转化率、利润率和平均客单价上更有作为	看中商品的质量和品牌
流量	本身无流量，需要其他平台引流	自带流量（月均 1.83 亿用户访问）
控制权	拥有完全的自主权	平台拥有较大控制权，自身拥有控制权较少
用户黏性	老访客黏性更高	较低，用户倾向的是平台，而不是商铺本身

2. 出行市场

出行是用户的高频需求，市场规模扩大与线上流量增长直接相关，在 C 端用户增长和机构补贴均存在明显上限的条件下，提升服务质量和效率更为关键。同时，出行市场的规模化与用户需求多样性特征，决定了该市场很难由单一机构垄断全部供给、满足全部需

1 GMV: Gross Merchandise Volume，是成交总额（一定时间段内）的意思。

求。过去几年，相对“一家独大”的行业实践，在突发事件的冲击和监管要求下日益暴露出脆弱的缺点，为行业整体健康发展埋下风险隐患。如何整合行业资源、实现规模盈利成为出行市场的核心问题，作为攻防双方的美团和滴滴出行都试图聚合运力和用户流量，谋取更大竞争优势。

以美团为例，出行是美团布局衣、食、住、行本地生活服务链的战略方向之一。2017 年年底至 2018 年年初，美团打车最早在上海、南京等城市上线，依靠用户端高额补贴进行规模化布局。上线后，美团打车的自营网约车业务面临重重困难：一是亏损严重，2018 年网约车司机的补贴成本高达 44.6 亿元，但单纯通过高补贴带来的用户增长难以持续；二是自营业务模式下司机少、车辆少等问题难以有效解决；三是恶性事件造成声誉损失，自营模式下潜藏风险巨大。为解决发展瓶颈，2019 年美团在南京推出聚合打车模式，用户可以在美团 App 上一键呼叫包括首汽约车、神州专车和曹操出行等不同出行服务商的车辆，也可在美团餐饮商家页面直接叫车。其主要优势是：第一，加速转化现有流量。在美团点评日活用户中，约有 30%具有到店用餐等延展出行需求，可形成亿级存量用户出行消费市场，通过美团打车二次变现，可将用户留存于美团生态。第二，减少用户补贴、司机补贴等自营业务投入。由于现有打车渠道和选择较多，服务商之间的价格竞争加剧，如需补贴，则由服务商进行评估并承付成本，而共同合作的首汽约车、神州专车、曹操出行等服务商扎根于美团生态，可在较大程度上减少品牌广告等投入，破解自身获客难题。第三，建立风险共担机制，即由服务商及出租车经营者履行责任，使美团在一定程度上规避相关合规与声誉风险。综合以上优势，聚合打车模式可帮助美团从自营模式的“补贴大战”中跳脱出来，投入更多精力营造开放平台，可以更轻、更快地投入成本，争抢市场份额。

3. 房地产市场

伴随房地产行业进入存量时代，原有中介机构间的存量竞争更趋激烈。移动端综合服务平台的出现，有助于为全行业提供全面、准确的交易信息，将市场上繁杂的个性化需求标准化、可视化，这一方面有助于整合房产经纪机构资源，破解各方信息不对称的问题，另一方面可以提升服务质量，更好地满足交易各方及房产经纪机构的不同需求，实现用户快速匹配合适房源、从业机构改善用户获取和转化的双赢。

链家是房地产交易 O2O 模式的发展雏形。2018 年 4 月，其升级推出贝壳找房互联网长租综合平台，开启了由垂直领域向开放平台领域的转型之路。如图 4.1 所示，该平台通过聚合和赋能全行业优质服务者，打造开放的品质居住服务生态，提供新房、二手房、租赁和装修全方位居住服务，力图加速占领长尾市场。贝壳找房平台覆盖二手房的完整交易流程，包括签约、贷款、过户、尾款放款等所有环节，其优势主要体现在如下方面：

第一，数据技术赋能。贝壳找房利用大数据分析技术，帮助用户和中介机构实现房源的精准匹配，降低信息搜集成本；支持多维场景看房、VR 实景看房等，保障房源真实性；丰富个性化筛选选项，服务“按地区找房”“按地铁找房”“按学区找房”“按预算找房”等不同场景需求，支持用户从特定小区、户型、楼层等维度掌握市场价格与用户评价，从而优化决策，降低交易与谈判成本。第二，搭建合作中介的连接渠道设施。通过设置标准化的准入条件和规则，规范中介机构的入驻流程，对合作中介进行品牌认证，提供交易系统与数据支持，可以帮助中介机构拓展用户来源，降低广告和获客投入。此外，其在推送用户和房源信息时，按实际成交情况与中介机构计费，保证平台、用户、中间机构等相关方利益一致，有助于平台生态的良性循环。

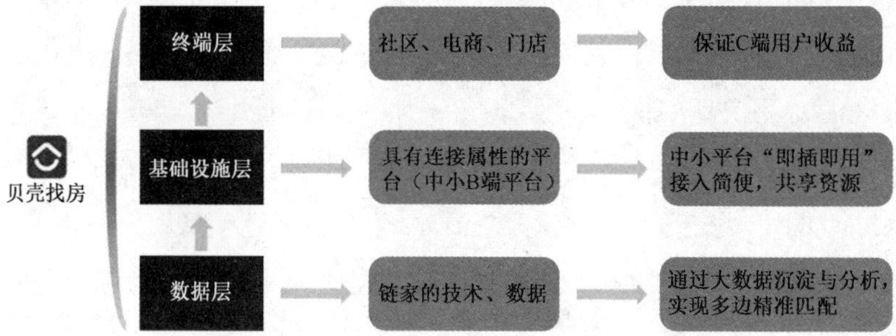

图 4.1　贝壳找房的开放模式示意图

4. 信贷服务市场

银行、消费金融公司、电商和场景化机构及其他主体在拓展消费金融业务时各有优势，却也共同面临增量用户衰减、存量用户未能充分挖掘、不同场景下的流量向金融转化不足、审批和风控效率有待进一步提升等普遍难题。依托开放平台的搭建，高频流量得以汇聚，用户在不同机构、不同维度的数据发现得以连接，有助于形成更全面、准确的用户画像，并根据用户特征、需求和合作机构的牌照、资金、风控偏好情况进行精准匹配，最大限度地减少流量浪费；同时，平台上由数字科技机构输出的运营风控能力，有助于各方深化用户综合价值挖掘、促进自身降本增效，实现更低成本、更低风险和更可持续的发展路径。

趣店成立于 2014 年 3 月，最初定位是完全 To C 的消费金融公司。2018 年第三季度，其宣布启动开放平台战略，为流量场景 App 和金融机构提供标准化的对接解决方案。趣店转型主要源于行业环境与内部发展的双重瓶颈。首先是行业政策环境变化较大，传统主营业务增收渐趋乏力。趣店与蚂蚁金服战略合作结束后，外部获客一度成效有限，营销费用增长并未带来新增用户快速增长。与此同时，趣店的贷款头寸调节缺乏灵活性，导致其被迫放弃经营部分高风险、高收益用户，业务收入损失严重，业绩下滑不断倒逼模式转型。在此形势下，趣店推出开放平台，旨在连接作为资金方的金融机构与作为流量方的场景 App，在撮合交易等过程中提供技术赋能。一方面在资金端，通过向持牌金融机构输出大额贷款等需求用户，获得贷款撮合收入；另一方面在流量端，通过接入外部互联网场景，输出消费金融产品，获得不同场景的用户及其资产。按其构想，趣店可通过开放平台为资金方、流量方双向赋能，特别是提供大数据风控能力，助力满足蓝领、年轻白领等相对次级的人群信贷需求，帮助金融机构增加信贷业务收入，帮助场景 App 流量变现，实现多方共赢。

三、开放平台展望与启示

增强金融对实体经济的服务能力，是推动金融业健康发展的长期政策目标。在现实中，很多金融机构、特别是中小金融机构受困于自身服务渠道的有限性，优质的信贷资源难以精准投向产业升级、消费升级的重点领域。这既不利于在更广阔的市场空间内延伸服务、拓展客源，也不利于把控资金流向和资产质量，最终影响反哺实体产业和居民生活的有效性。在这种情况下，将相对封闭、低频的金融产品和服务与更加开放、高频的生产生活场景需求紧密结合，必将成为进一步推进金融供给侧结构性改革、促动资源配置效率提升的重要探索方向。

这里，我们可以试举两例进行说明。

消费金融是银行机构活跃客户、增加收入的一大业务方向。在市场竞争关系中，不仅多数传统金融机构缺乏针对外部生活场景、更小额和灵活的产品解决方案，而且很多具有特定场景优势的线上机构也缺乏场景流量转化和金融产品的设计能力，造成用户在消费、支付及申请、获取场景化信贷支持的过程中流程断裂、不畅，难以取得信贷资金和配套服务的有效支持。除了严重破坏用户体验，也造成各家机构流量的实质性浪费，影响了金融服务效率的提升。由数字科技企业实施赋能，在场景化机构的服务端输出消费金融产品和底层能力，帮助用户在线上、线下消费及碎片化支付场景使用消费金融产品，有利于扩大服务触点、加强流量转化。

“消费场景金融数字化解决方案”是京东联手外部合作机构，共同推出的行业解决方案。京东通过重组技术、产品和资源，为消费场景合作方提供其所需要的金融产品、大数据风控、底层账户等服务，助力金融机构与消费场景高效连接。近年来，京东助力国内智能出行平台航班管家、高铁管家推出信用支付产品“伙力白条”，顺应合作机构目标用户对出行服务需求升级的趋势，面向飞机票、火车票及相关增值服务等出行消费场景，为用户提供激活、交易、查询、还款等全流程信用支付服务。事实证明，京东输出的信用大数据模型、额度发放策略等风控服务为合作机构塑造金融产品能力提供了帮助。

用户活动与权益是金融机构进行产品和服务推广的重要利器，也是维系和提升存量用户忠诚度、活跃度与贡献度的必要手段。在内部相对封闭的生态下，传统金融机构的权益资源、特别是线上权益资源较为受限，难以很好地满足用户在权益新鲜感、实用性、可流通性等方面的切身需求。通过与电商企业、各类线上线下服务机构展开合作，金融机构可以丰富权益类型，完善用户成长体系，探索更多产品和服务营销契机；加入由数字科技企业牵头组织的全行业联盟，则可以更好地整合同业及跨界资源，规划各类权益的差异化组合与用户精准营销，在更密切交互的开放生态中达成各方共赢。

在此方面，科技平台通过对用户线上消费金额、频次、品类和商品偏好，以及登录行为、浏览轨迹、地理位置、社交关系等全场景数据的深入挖掘，可以更加准确、动态地形成“娱乐”“商旅”“母婴”等细分人群标签，并以此为导向有针对性地拓展与视频网站、航旅平台、母婴论坛等场景化的外部机构合作。同时，将原先金融机构与权益机构基于权益采购的一次付费关系，转变为多家机构间联合获客、联合捕捉营销商机的长期互助关系。在帮助用户得到与潜在需求、预期更一致的权益服务的同时，全行业联盟有助于金融机构黏客、活客和促成价值用户转化，也有利于权益机构抓取有更高匹配度的目标人群，为长期经营用户奠定基础。

第三节　物联网时代的数字营销蝶变

伴随物联网技术的日趋成熟，万物互联时代到来，新一轮营销产业革命呼之欲出。物联网逐渐模糊了数字世界和物理世界的界限，移动通信不再是智能手机的专属，任何终端都可能作为互联网接口。由此带来的副产品是“万物皆媒”，营销不再有线上和线下之分，而是连接共建场景，进而由场景数字化驱动产业数字化，并引发产业链变迁与行业生态变革。在这一过程中，金融机构的传统渠道有望在融入物联网营销生态的过程中重新焕发生机。

一、物联网营销的“蝴蝶结理论”

物联网营销是一种新型营销，是一种更加智能化、规模化、市场化、网格化的数字营销。物联网营销是以价值观、联结、大数据、场景、新一代分析技术为基础造就的新型营销模式，以科技为核心，以降低营销成本、提高营销效率和提升消费者体验为目标。

我们试图用“蝴蝶结理论”（见图 4.2）阐释物联网营销的逻辑：“蝴蝶结理论”底层圆为“用户决策循环”，其运行的逻辑是，产品生产完成后进入市场流通（流入）环节，触达用户，用户评估后将做出“种草”或“不种草”（产生兴趣与否）的决定。如果没有兴趣，用户则直接流出，如果产生兴趣则进入“拔草”（购买）环节，用户购买后将基于体验做出二次评估（再次“种草”与否），如果体验好则将再次进入“种草—拔草—体验”循环，如果体验不好，产品则被用户淘汰（流出）。“蝴蝶结理论”上层圆为“用户反馈循环”，其运行的逻辑是，将产品与用户建立联系（“种草”与否）开始的整个决策流程实时反馈到生产端，作为企业生产的产品信息基础（产品信息），这些基于用户数据分析后设计生产的产品再次进入市场，触达用户，用户再次做出“种草”与否的决定，之后再次进入“用户决策循环”和“用户反馈循环”，形成双循环[1]。

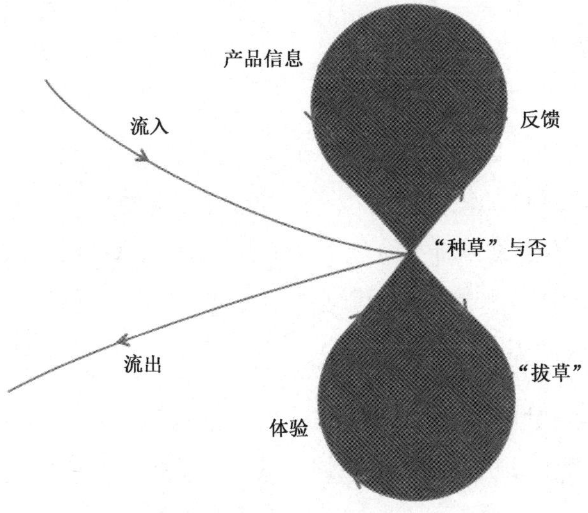

图 4.2　物联网营销的“蝴蝶结理论”

“蝴蝶结理论”的核心是技术可作用于用户决策反馈（商品流通）的全过程，具有以下特点：

第一，在万物互联后，商品生产、流通、销售、体验等数据可实时反馈给企业，企业根据反馈结果调整生产方向、制定营销策略，实现精准投放。由于匹配效率的提升，用户决策周期缩短，故传统

1 杨芳《物联网营销未来趋势是什么？》。

决策流程的考虑和评估环节被弱化甚至消失，反之情感消费主导性增强，用户“种草”后直接跨越到“拔草”阶段。

第二，技术促进了商品流、资金流、信息流三流合一，用户是串接三流合一的关键点，用户的地位将进一步提升。当产品触达用户后，用户和企业就建立了联系，用户的购买决策及体验过程的数据会实时反馈到生产端，从而反作用于产品设计、生产环节，即反向定制。

第三，产品触达用户，用户在做出了“种草”决定后，意味着企业和用户开始建立联系，用户成为潜在用户，用户决策反馈的过程都可看作和企业的互动，这些互动形成了企业的私域流量池（双循环圈内为私域流量池）。如果用户对产品不感兴趣（未“种草”），那么这意味着产品被用户淘汰，产品和用户联系中断，由此进入公域流量池（双循环圈外为公域流量池）。物联网营销的特点是通过技术进行精准营销和提供优质服务，营造极致体验，以此扩张私域流量池，即双循环圈内的面积。

第四，物联网营销将极大提升用户体验，好的用户体验又将进一步扩大营销影响力，两者相辅相成。比如，获得良好体验的用户大概率会成为品牌代言人。未来，这种用户效应的价值将愈加凸显，一方面获得更好体验的用户越来越多，另一方面技术帮助跨时空信息快速流通，营销效率的提高将增强用户效应。

二、物联网营销产业链及场景运用

1. 物联网营销产业链

营销的两极是企业和消费者，传统营销产业链通过中间商、媒体、服务方和支持方等提供服务，保障企业和消费者之间商品流、资金流和信息流畅通。物联网营销将重构营销产业链生态，“万物皆媒”的未来趋势是“去媒体化”，数据资产化后，中间商的角色将被淡化。同时，在技术赋能下，商品、资金和信息的流通更加高效，营销周期缩短，运营成本降低，最终提高营销效率。

物联网营销产业链参与的角色（见图 4.3）应包括：广告主（需求方）、受众（接收方）、智能营销服务方、物联网终端提供方和技术支持方等。在万物互联后，广告主和受众之间的距离将被大幅缩短，媒体被各物联网终端平台取代，代理商、投放平台、数据管理平台、程序化创意平台、效果监测平台、需求方平台、供应方平台和采购交易平台等技术服务方被整合为智能营销服务方，提供硬件设备的技术支持方的作用将被强化，包括 5G、人工智能、区块链和边缘计算，以及传感器、电网设备、数据中心和边缘计算中心设备等。

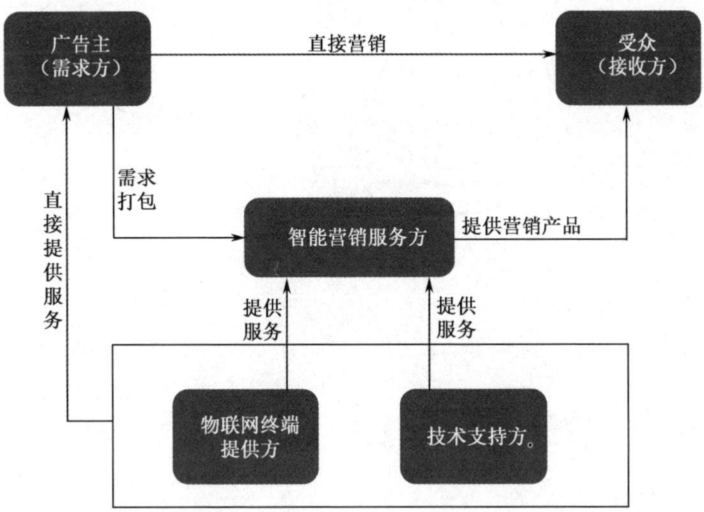

图 4.3　物联网营销的产业链分工

2. 物联网营销场景实践

传统营销更加注重媒体平台的划分，不同媒体平台营销策略和场景运用逻辑不同。然而，物联网营销是一种融合营销，营销场景的运用不再简单划分为线上和线下，同时，媒体在实现数字化后，各自特征不太明显，故在实践上会更注重场景营销策略。在用户数据节点化后，其活动场景都可以变成营销场景和实践，场景即媒体，即实践。物联网实现了营销和场景的有效联结，突破了时空限制，走向智能营销。我们以“人”为中心，将营销场景围绕人的活动场所特征划分为“七层生态圈”场景（见图 4.4），具体而言，包括个人终端、智能家居、智能社区、智能出行、智慧商圈、智能城市和产业物联。

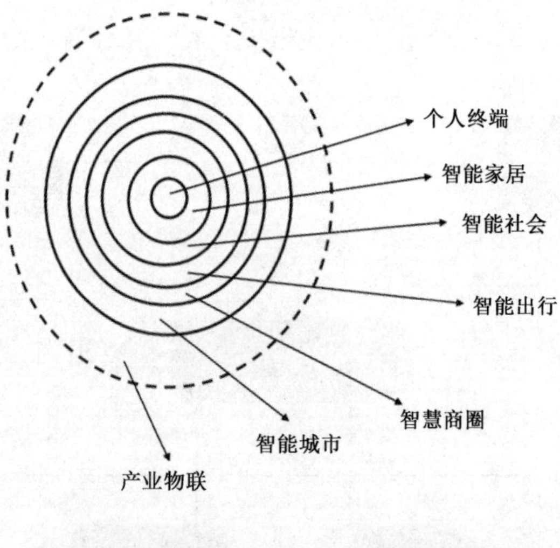

图 4.4　物联网营销的“七层生态圈”场景

第一层：个人终端

定义：个人终端场景指基于个人用品进行的营销实践。个人终端包括手机、可穿戴设备等服务人的活动的便携式设备，它不仅仅是一种硬件设备，更是人类意识行为的延伸。它通过软件支持、数据交互和云端交互等实现人的个性需求服务。目前，个人终端主要以智能手机为主，未来，随着技术的升级改造，个人终端联网设备将更加多元智能，并发挥更大商业价值。

它的营销特点是：第一，边缘营销，由于个人终端是离用户最近的营销场景，故在营销过程中可基于及时、个性化的私域流量数据，依靠边缘计算进行用户画像和制定营销策略，做到实时、高效营销；第二，交互营销，在个人终端联网智能化后，用户行为感知、感知化后的个人终端和用户的交互将加强，有利于增强用户黏性；第三，位置营销，个人终端和用户紧密连接，故能实时记录用户的行动轨迹，企业可根据用户位置进行位置营销。

第二层：智能家居

定义：智能家居场景指依托于智能家居服务，围绕家庭活动场所进行的营销实践。智能家居是以住宅为平台，利用综合布线技术、网络通信技术、安全防范技术、自动控制技术、音视频技术将与家居生活有关的设施集成，构建高效的住宅设施与家庭日程事务的管理系统，提升家居安全性、便利性、舒适性、艺术性的智能设备。

它的营销特点是：第一，垂直营销，智能家居可根据自身赋能的领域和产品特色进行垂直营销，比如，智能音箱可根据用户听歌习惯进行音乐推荐；第二，交互营销，智能家居的一大特点是交互性强，营销策略上可更加注重用户体验和互动；第三，本地化营销，智能家居场景一般有固定的地理位置，且未来可实现智能家居标准化，与智能社区、智能城市形成交互和关联，创造更好的营销体验，故企业可基于位置特征进行本地化营销。

第三层：智能社区

定义：智能社区场景指依托于社区场所进行的营销实践。智能社区是通过利用各种智能技术和方式，整合社区现有的各类服务资源，为社区群众提供政务、商务、娱乐、教育、医护及生活互助等多种便捷服务的模式。智能社区的五大性能指标是安全性、耐久性、实用性、经济性和环境化。

它的营销特点是：第一，位置营销，社区营销场景有固定的受众、精确的基于位置的服务（Location Based Services，LBS）、高密度的人群，这为社区精准营销和垂直营销提供了便利；第二，直接营销，社区是居民生活的主要场所之一，居民的衣食住行场景都与社区紧密联系，可实现近距离接触，缩短营销成本，同时，由于网格化特征，营销具有强迫阅读和垂直化的特点，营销更加直接、高效和便捷；第三，大众营销，社区具有高密度人群的特征，使得营销覆盖范围广，且居民在社区场所比较放松，对营销接受度较高，提高了营销的转化率。

第四层：智能出行

定义：智能出行场景指基于交通出行工具、场所和配套设施进行的营销实践。智能出行是指借助移动互联网、云计算、大数据、物联网等先进技术和理念，将传统交通运输业和互联网进行有效渗透与融合，形成具有“线上资源合理分配，线下高效优质运行”的新业态和新模式。

它的营销特点是：第一，位置营销，出行场景最大的特点是具备地理位置的属性，随着车联网技术的成熟运用，营销可实现车路协同，如根据不同地理位置、行程信息推荐定制化的旅游产品等，提高转化率；第二，高密度营销，基于公共交通出行场景人流量较大且人员密集的特点，营销的覆盖范围广，以达到规模营销的目的；第三，封闭营销，基于交通工具的营销场景相对较为封闭，具有强迫阅读的特点，提升营销的触达率，提高转化率。

第五层：智慧商圈

定义：智慧商圈场景指基于公共空间的办公、娱乐、教育、医疗等人口密集的功能类和消费类场所进行的营销实践。智慧商圈是以物联网、云计算、大数据分析等新技术为核心技术，提供一种环境全面感知、智慧型、数据化、网络化、协作型一体化的管理和生活服务，并对管理服务进行洞察和预测的智慧环境。

它的营销特点是：第一，地理营销。物联网时代，智慧商圈的地理场景潜能将重新焕发活力。在万物互联后，我们可基于地理位置、空间位置、环境特色和城市特征等进行营销。地理场景营销的模式是 LBS 营销[1]2.0，在地理场景数字化后，地域特点、地域消费特点、受众地域变化均成为物联网营销的底层数据，企业根据底层数据进行 LBS 营销，提供本地化、地域化、个性化的服务体验。第二，交互营销。商圈、购物中心等是天然的特定消费场景，这类场景的营销更加贴合市场，用户接受度较高。同时，配合商超等消费场景，在营销设计上增强购物体验，会进一步提高转化率。第三，属性营销。每个智慧商圈都具备自身的服务属性，如教育、娱乐等属性。

第六层：智能城市

定义：智能城市场景是指基于数字化、网络化、智能化的囊括人们衣食住行的城市空间进行的营销实践。智能城市是把新一代信息技术充分运用在城市中各行各业，基于知识社会的城市信息化的高级形态，可以实现信息化、工业化与城镇化深度融合，有助于缓

1 LBS 营销就是企业借助互联网或无线网络，在固定用户或移动用户之间，完成定位和服务销售的一种营销方式。

解“大城市病”，提高城镇化质量，实现精细化和动态管理，并提升城市管理成效和改善市民生活质量。

它的营销特点是：第一，大众营销。基于公共服务场景用户聚集、人流量大、营销触达范围广的特点，可达到规模营销的目的，进而提高转化率。第二，地理营销。在万物互联后，我们可基于地理位置、空间位置、环境特色和城市特征等进行营销，提供本地化、地域化、个性化的服务体验。第三，融合营销。智能城市实际囊括智慧出行、智能社区、智慧商圈等所有消费及公共服务场景，受众多元，媒体丰富，故基于此场景的数字营销产品形式更加灵活多元，可探索多媒体、跨时空、交互式、拟人化、超前性、高效性和经济性等营销形态。

第七层：产业物联

定义：产业物联场景指基于工业互联、产业互联后在产业链相关环节进行的营销实践。产业物联是通过网络互联、数据互通和系统互操作，充分发挥技术在生产要素配置中的优化和集成作用，实现物联网与传统产业深度融合，对各个垂直产业的产业链和内部的价值链进行重塑和改造，实现资源的高效利用，从而构建服务驱动型的新工业生态体系。

它的营销特点是：第一，效率营销。产业物联缩短了原本产品从生产、流通、营销到销售的环节，生产效率将得到极大提升，同时营销将贯穿产业链每个环节，营销效率将得到极大改善。比如，在商品销售实体店可视化后，用户停留、试用和购买数据可实时反馈至生产后台，企业可以进行评估，实时调整生产策略，设计和生产更符合用户偏好的产品。第二，品牌营销。在产业物联后，去中间化、媒介化的特性将更加明显，企业可以基于自身数据和场景进行私域流量的品牌营销，形成闭环营销，降低营销成本和缩短营销周期。第三，精准营销。在产业物联后，企业基于私域流量场景的营销，可实现用户和销售数据的实时传递和分析，进行用户画像和动态反馈，达到精准营销的效果。

物联网营销是继互联网后的又一次变革，网络化、数字化、智能化是发展的必然趋势。营销模式的变革将带来生产模式的变革，生产即营销，用户的需求是生产的核心，只有满足用户需求的产品才算是有效生产。它将充分发挥数字技术的最大效用，依托营销供应链平台连接和运营消费者，运用大数据、人工智能等技术开展全数据、全链路、全媒体、全渠道和全场景的营销，优化供需两端，提升供给效率，升级商业模式、优化成本结构、提高效率和提升体验，增加各行业附加值，进而给社会创造更大的价值。它是产业数字化的产物，并驱动数字产业化发展，它既是新一轮的营销革命，也是新一轮的生产革命。

对金融机构而言，将多元、分散的线下网点打造为数字化生态入口，是融入物联网营销生态的重要切入点。一方面，需要通过线上线下融合，强化线下网点的流量优势，打造信贷 App、服务 App 等线上网点，增加人工智能识别、智能化业务导航等功能，实现线下网点智能化升级；另一方面，可与当地农业、制造业、旅游业等为行业机构开展线上合作，共同开发、维护、使用行业与金融服务 App 矩阵。从更长期看，普惠金融还可以与基层治理、公共服务等更加广泛的生活场景寻求融合共生，打造良性数据信用体系，将客户有效串联；推动金融服务+政务、社会服务相互赋能融合，开展信息互联互通、资源共建共享；将党建宣传、教育、医疗、供应链、智慧寺院等第三方生态接入系统，减轻触客渠道压力，更加全面、有效地触达基层网点客户，增强贴近客户生活、锁定客户时间等方面的竞争优势。

第五章

银行转型

商业银行转型是一个宏大命题，涉及银行内外协同的方方面面。这里，我们选择从四个不同角度进行切入：一论中台模式，说的是银行转型的顶层设计与战略架构；二论手机银行，说的是银行转型过程中的渠道建设与客户触达；三论精准营销，说的是银行借助大数据，做好客户经营；四论区块链与小微业务，说的是银行应用数字科技、改进业务发展与经营管理。我们希望能够以点带面，管窥银行业自我突破、求新谋变的新路和新局。

第一节 中台模式加速银行敏捷化转型

“中台”的概念最早来自互联网公司。在其内部架构中，前端负责营销推广与价值转化，中台负责对公司业务、数据、技术、组织等方面提供全方位的运营支撑，后台负责内部管理与底层支持（见图 5.1）。在实践中，中台成为企业级的能力复用平台，可以跳出单一业务线、站在企业整体视角审视业务全景，寻找可复用的能力进行沉淀，从而优化整体战略，减少重复投入，提供规模化的创新支持。对金融机构而言，其同样存在业务效能不高、多业务线协同不佳、客户体验较差和反馈不好等问题。这里，我们就来重点分析中台提供的解决方案。

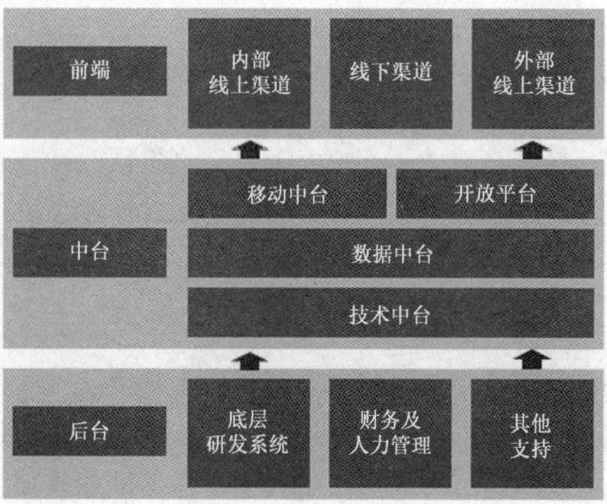

图 5.1 数字中台示意图

一、技术中台

伴随行业信息化建设的不断提速，传统银行机构在各自的数字化转型过程中，需要面对的发展机遇与挑战日益突出。譬如，内部 IT 架构庞杂，不同的条线、分支机构“各自为政”、壁垒坚固，存在产品线或功能模块间大量重复建设与低效运营的问题；在面对外部业态扩张时，难以快速、有效实现系统和产品迭代，自建系统的开发成本高、建设周期长，外部合作则受制于采购成本、系统兼容性、长期可控性、政策合规性等；从自身精细化管理角度来看，现有的技术支持能力也难以充分满足数据分析、客户管理、流程再造和效率提升的现实需要，以上因素成为数字化转型升级的重要掣肘。

配置高效的技术中台，是银行机构更好满足客户与合作伙伴需求、合理调配 IT 资源、实现降本增效的必然之举。技术中台的重要作用包括：一是对来自不同团队的开发需求进行合理评估，将其中可能存在的高度类似、高通用性的业务和功能需求重新梳理和整合，减少因为分散、重复开发造成的开发效率低、成果复用性低、产研资源浪费与客户体验不统一等问题；二是对系统架构进行平台规划，避免使个别垂直的业务逻辑与基础系统、底层逻辑耦合过深，导致整体系统运行缓慢，无法满足更多新业务、新系统的接入和改造需求。

从以往行业实践看，应当承认，金融机构、特别是中小银行机构在自建技术中台过程中存在诸多实际困难。譬如，技术中台的构建需要以大量底层、基础性技术开发能力为支撑，很多中小银行机构既不具备相应的团队建设能力，也难以持续地承付相关技术开发与人员投入成本；依靠自身力量梳理、打破已形成的系统架构现状和重新规划架构方向，往往需要面对银行机构内部的组织架构、管理分工方面的挑战，这对银行机构相对传统的体制机制而言更不现实。在这种情况下，借助外力寻求更具可操作性的解决方案，越发成为摆在银行决策者面前的现实选择。

互联网和科技公司为传统银行机构提供的技术中台解决方案是基于分布式技术的架构转型。所谓“分布式”，首先是指在通信网络互联的多处理机体系结构上执行任务，与银行机构传统的单体式架构相比具有显见优势：第一，它可以极大增加系统容量，适应大规模应用场景及某特定场景和时点下高并发业务量带来的技术处理需求；第二，可以实现敏捷开发与上线，即通过并联处理开发、上线需求，提升效率；第三，可以增强系统可用性，通过整体优化实现单点故障隔离，从而在部分模块缺陷修复、功能变更时不至于影响其他模块的正常运行；第四，还可以提升系统的可延展性，即结合业务模块的特点进行伸缩，在满足弹性需求的同时，减少不必要的运营成本投入。

二、数据中台

在数据资产化的今天，大数据已成为经营机构最为重要的生产要素和战略资产之一。作为企业数据资产、数据服务的重要提供者，“数据中台”的概念正在得到业内的广泛关注。数据中台可以简单理解为“数据服务工厂”，其一端连接数据开发后台，另一端连接业务应用前台，具有优化数据模型、提升数据质量的重要作用，以及“高性能”“高安全”“快速提供服务”等重要特征。通过加强跨域数据治理、构建企业级数据中台、将数据封装成规范服务，可以帮助前台人员以 API 等形式获取数据创新支持，从而充分挖掘底层数据资产价值，缩短新业务、新产品的创意设计、开发测试与落地推广周期，特别是利用数字化的强大计算能力、快速搜索能力与数据预测能力，实现业务模式的不断敏捷优化。

数据中台为银行机构提供的应是从数据获取到数据生态构建全流程的一揽子服务。在数据获取阶段，数据中台可以打破数据孤岛，全面、实时、高质量地采集不同来源和类型的海量数据；在数据治理阶段，可以高性能、多样化地实现各类数据资产的有效管理；在数据分析阶段，可以运用多种智能分析技术，对多源数据进行实时和协作分析；此后，还可以基于对数据中业务价值的快速发现和验证、数据输出的规范治理、数据资产的交易和变现，实现从数据到价值，再从价值实现过程中积累更多数据的完整闭环。

数据中台在金融业务中一个重要的赋能方向是客户获取，这体现在如下方面：

第一，基于对以往优质客户初始特征、成长轨迹、需求偏好等的全面洞察，从当期经营价值、未来经营潜力、忠诚度、活跃度等不同指标维度聚类客户，对新客户和潜在客户的生命周期、长期表现等做出预判，并设定不同优先级，合理分配营销资源。

第二，基于对客户在开放生态内、全场景的行为刻画，特别是在不同渠道积累的客户交互和反馈数据，更准确地把握客户潜在的金融服务需求及更多非金融服务需求，从而找准在产品、服务、渠道、营销手段等方面的客户偏好与业务机会，制定个性化服务方案。

第三，基于客户在产品申请全流程的表现数据，包括但不限于客户在具体环节、问题上的停留、卡顿、跳出、返回等数据，重新检视在后台响应速度、页面设计友好度、权益展示吸引力、问题设计复杂度、客户漏损拦截和挽回有效性等指标上的改进空间，在最大程度上减少客户流失。

第四，基于跨条线的数据开放共享，特别是对客户风险指标进行有效协同，减少对非目标人群的不当展示和无效获取，将不符合某一业务条线获客需求、门槛的其他客户及时输送至其他高匹配度的业务条线，争取复用客户价值，减少流量浪费。

三、移动中台

移动端是银行机构触达客户、连接外部的重要渠道，也是其推进数字化转型的重要载体。伴随着大批原本需要线下办理的业务类型转至线上，银行机构在数字科技助力下打破时空限制、推广产品服务，这有助于客户随时随地享受移动端带来的金融服务可得性与便利性。移动中台通过搭建移动框架，输出适合不同场景、不同端口的组件体系，可以支持不同渠道端的非技术背景人员快速锁定问题、快速实现其需求，完成对模块开发、页面生成、权限变更、数据投放、消息推送等操作的快速响应。通过支持业务人员简易搭建活动页面，并在不同渠道端快速发布、灵活调整，可以有效缩短开发上线周期、压降不必要的开发与改造成本，解决在全渠道高并发及各渠道各自调整过程中衍生的一系列问题。

银行机构在渠道端管理过程中面临的另一难题是，如何激活渠道使用、增强客户活性。移动中台为银行机构提供了包含App、H5、小程序、公众号、直播和短视频等在内的多端融合的一站式服务支持，不仅解决开发、测试、运维等相关问题，还注重输出其长期积累的线上数字化运营能力，帮助银行机构更好地适应移动互联网、产业互联网时代“大规模上线”与“精细化运营”特征并存的管理要求，提升渠道管理的可控性与内容输出的丰富性。

市场调研显示，金融行业对互联网和科技企业提供的移动中台已产生浓厚兴趣，移动中台具有广阔的应用合作空间。26%的业内受访者认为移动中台有助于加快研发、测试，加强产品迭代；21%的受访者认为其有助于带来统一的技术标准和管理规范，提升 App 性能；16%的受访者认为其有助于加强对移动端数据的采集和分析，实现对移动应用的全面管控；此外，还有为数众多的受访者认为移动中台可以对线上拉新、促活等业务实践产生帮助，这为更好发挥移动中台的价值提供了有益思路。

四、开放平台

开放平台（见图 5.2）是商业银行数字化转型的重要组成部分，其强调以客户为中心，以应用程序接口（API）、软件开发工具包（SDK）等技术实现方式为手段，通过双向、开放形式深化银行与外部场景和机构间的业务连接和合作，将金融服务能力与客户生活场景深度融合，从而优化金融资源的配置和提升服务效率，实现双方或多方合作共赢。近年来，中国银行业的开放平台探索带有更加明显的市场驱动特征，即银行注重通过自身 App、小程序等连接客户生活场景，将金融产品和服务（主要是零售银行产品服务）嵌入外部，从而完成获客引流。以中国建设银行等为代表的大型国有银行和以招商银行为首的股份制银行已将 MAU（月活跃客户数）作为考评零售银行效能的重要管理指标，引导更多中小银行转变经营理念，以外部联盟为契机，切入能够带动客户活跃的衣、食、住、行、游、购、娱等刚需场景。

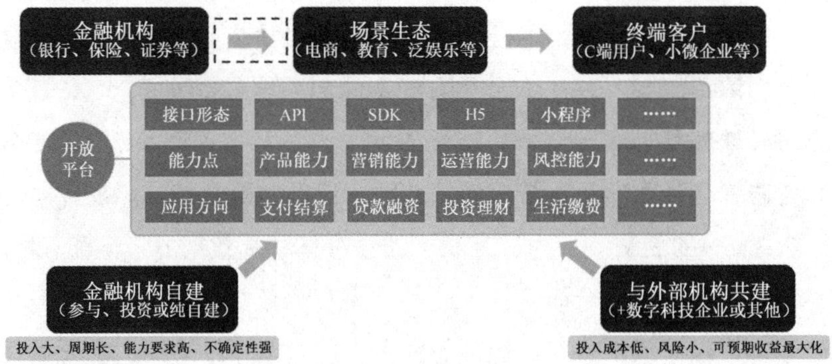

图 5.2　开放平台示意图

不可否认的是，传统银行在构建自身开放平台的过程中，往往受到内外部多重因素的制约。譬如，银行针对客户场景寻找合作伙伴的连接效率偏低，企业级的开放平台尚未形成，资源把控能力较弱，在建立合作关系上主导能力不强；即使建成开放平台，也往往由于运营手段相对传统、单一，导致转化效率不高，依靠金融科技驱动的新兴业务连续性与客户体验亟待提升；银行业在长期强监管环境下形成的“执行力文化”与开放平台理念下的“敏捷文化”冲突明显，一些中小银行拥抱开放平台后感到收效有限，特别是市场鱼龙混杂，减弱了其进一步依靠外部合作构建开放平台生态的主观意愿与资源支持力度。

事实上，开放平台是科技公司输出金融科技操作系统的重要组成部分，其不仅包括产品、渠道相互开放，也包括在构建开放生态、锻造数字化运营能力等方面的共享开放。其中，产品开放主要是指帮助银行产品取得更多外部渠道连接，为外部客户提供更加便捷的金融服务；渠道开放主要是指帮助银行针对不同外部场景渠道的特征需求，梳理已有能力，重塑产品服务；生态开放则更多是指帮助银行整合内部各业务条线及合作产业平台，使内外部的板块不再割裂，最终形成以客户为中心、以客户场景为落点、以产品平台为支撑的多种跨界联盟。在这一合作生态下，底层是大数据、云计算等金融科技基础设施；中台是包括信用体系、风控体系等在内的支持系统；前端是包括消费信贷、保险、理财等在内的一系列产品平台，并以超级入口为载体对接外部大流量，实现多层架构相互依存，为打破银行客户获取和经营封闭化、金融产品与服务供给内部化精准赋能[1]。

从未来发展趋势看，银行机构建立健全开放平台还将面临更多挑战，这既包括其在相对封闭的内部科技架构下，对外部合作和应用开源技术的顾虑，也包括其在适应敏捷文化、重组组织管理过程中的磨合阵痛，特别是在促进外部生态连接过程中的内部机制、流程卡顿。互联网和科技企业在不触动当期监管合规底线前提下，针对不同银行的业务、管理现状与开放平台需求，进行一定程度的个性化改造，将更有利于合作银行缓释疑虑，在探寻新的业务模式过程中实现突破。

1 金天《银行数字化转型中的中台战略》。

第二节 商业银行，该如何打造 App

众所周知，手机银行 App 是移动互联时代下传统银行“获新客、稳存客”的重要渠道，也因此成为各大银行铆足马力的竞争焦点。从近年的情况看，中国建设银行、中国农业银行、中国工商银行、招商银行、工银融 e 联、中国银行、掌上生活、邮储银行、交通银行及民生银行 App 基本占据手机银行 MAU 前十位。

为什么“别人家的银行”可以如此优秀？实际上，确定手机银行的定位最为重要。手机银行的关键在于“好用”。如果这一点都做不到，总行只是为了年报里有个“电子渠道替代率”的好看数字，分支行只为完成签约、下载和激活等任务，东拉西扯地来凑人头，那么这样手机银行就永远也“活不起来”。

一、手机银行与用户视角

站在用户视角上，手机银行应当发挥什么样的作用，具备哪些功能呢？让我们设身处地地好好捋一捋：

第一，对于用户来说，手机银行应当等于“银行柜台”，也就是说，以前需要跑网点、找柜员办理的业务，都应具备在手机银行端的可操作性，即在产品设计上是全功能的，在用户体验上是自动化的。随着刷脸、虹膜、指纹等生物识别技术日臻成熟，用户身份的远程验证愈发普遍，以此为基础的开户、核身、财富管理、消费信贷等业务也具有了越来越强的安全保障。除了现金业务不适合手机银行，可以说，银行应将其他所有的主营业务和创新业务依托于手机银行端，这也是未来的大趋势。

第二，对于用户来说，手机银行应当等于“银行卡”，也即用手机全面取代卡介质。过去，很多场景下用户需要填写银行卡号，翻出自己的卡片，如果到今天还有哪家机构这样设计流程，那么这就是与用户为敌。将来，实体卡的使用前景并不乐观。这也就意味着，用户的消费、支付、转账汇款、现金管理、卡券管理、会员管理等曾经需要“卡”的功能将全部迁移到手机银行。

第三，对于用户来说，手机银行就是“客服”，只需要登录手机银行，就可以便捷地表明诉求，解决问题。这样的新客服具有什么特点呢？一是全新场景融入，可以将用户的实时行为一键触发，也可以基于建模精准推荐，总之要刚好踩在用户的需求点上。二是内容丰富、形式新颖，比如，手机银行可以支持语音、视频，可以有完备的知识库、智能的机器人等。这两点的共性，就在于“贴心”，想用户之所想，急用户之所急，甚至比用户自己更懂用户，能洞察需求、化解问题。

第四，对于用户来说，手机银行还等于“客户经理”。特别是对有着“线下社恐症”的年轻世代来讲，他们不想直接面对客户经理，但是他们需要获得服务，他们也不想让客服经常给自己打电话，但有需求时，需要随时找到客服。过去，这些人因为不属于高端客群，没有被纳入一对一的客户管理体系，但在移动互联的时代背景下，他们也需要更加专属化，甚至个性化的银行服务，其对服务体验的要求毫不逊于过去的人工服务。比如，他们需要全面了解市场资讯及财务状况，得到及时、准确、高度匹配的投资建议等。

这里需要提示一点：过去银行与用户的连接纽带主要靠线下，银行说得多一点、少一点问题都不大，话术表达不准确还可以再追加解释。但是在线上，在手机银行端，用户的时间是有限的，诉求是明确的，对希望得到的反馈是有预期的，你说得不清不楚，他就不能完全理解，感觉驴唇不对马嘴，下次就不用这个 App 了。

作者当年第一次离开传统银行到互联网金融机构任职时，就发现这样的问题：当时很多银行的菜单设置依旧以部门为中心，比如，手机银行里一级子目录为“储蓄存款”，二级子目录为“定期”“活期”“通知存款”“教育储蓄”等，把这个部门或科室负责的所有业务挨个列上，用户要是办另一个部门或科室负责的业务，就得再换个子目录。而互联网机构都是以用户为中心进行设计的，如“我要存款”“我要贷款”“我要理财”等，并且让用户曾经浏览过、查询过、办理过的业务一键直达，用户体验自然很好。

二、手机银行与银行视角

说完了用户视角，我们再谈谈银行视角：对银行管理者来说，手机银行的定位又应当是什么呢？这里，我们认为，银行的当务之急是，想清楚与手机银行相关的“四大关系”。

第一个关系是，手机银行与用户的关系。大家有没有想过，为什么互联网金融机构总喜欢用“用户”一词而不是“客户”一词？因为一个人到你的网点做客，只是你的客户，但只要用了你的产品，如手机银行，那他就是你的用户了，“用户”这个概念更全面、更包容。对于线上用户来说，只要他用，就会留痕，就会让你知道他是谁、他有什么现实需求或潜在需求，让你掌握到更真实、有效的信息。所以，只要做好数据管理，包括数据的收集、存储、挖掘和模型推荐，手机银行完全可以成为比网点更接近用户、了解用户的替代性渠道。

第二个关系是，手机银行与客群管理部门的关系。在很多传统银行的部门架构里，总行的客群管理部门是对分行的，分行的客群管理部门是对支行、网点的，而电子银行、网络银行、手机银行等属于总行独立部室，在分支行"没有腿、管不动"。为什么会这样呢？说到底，是因为银行对通过手机银行进行客群管理缺少正面预期，或者已经太过习惯过去的管理思路。那么现在，还靠铺人去进行客户管理，还铺得过来吗？对于年轻、高潜的新型客群，靠铺人还能触达吗，还有作用吗？说得严重些就是，你在思考、谋划客群管理的时候，如果忽视了手机银行，那么未来很可能不容乐观。

第三个关系是，手机银行与网点的关系。很多网点负责人对待手机银行的心情是复杂的，在柜面压力太大的时候，希望能靠手机银行分流，但是如果流量都跑到线上去了，又担心没人再来网点，会错失销售机会。在我们看来，这个问题的本质是银行对流量的性质判定不精准，对不同渠道的定位不明确。标准化的业务转到线上，其实是给复杂产品的网点销售腾挪了更多空间。将来，用户到网点不是去存取款，也不是去查工资，而是成交大额保单，成立家族信托，组建家庭工作室，这对网点自身来说又有什么不好呢？

第四个关系是，手机银行与客户经理的关系。我们曾经接触过很多银行客户经理，其中不少人在内心深处对手机银行存在排斥心理。为什么？一是银行给客户经理下达了手机银行的推广任务，客户经理完不成就会焦躁，二是一旦用户习惯了使用手机银行，他们买产品、了解产品都不会找客户经理了，会影响客户经理的业绩分成。可是我们要认识到：一方面，用户线上化是不可改变的大趋势，即便你不做，其他银行也会做；另一方面，手机银行更接近用户、了解用户，能提供更多的用户画像、销售线索，会对达成业绩指标有所帮助。

三、手机银行进化论

归根结底，打造手机银行 App 是一门技术活儿，但在讨论技术前我们必须要做的是真正统一思想认识。这里，我们分享一个招商银行（下文简称招行）的案例。

关注、熟悉招行的朋友都知道，这家银行在零售转型过程中，在不同时期曾提出过两个响亮口号。第一次是在 2007 年左右，在财富管理市场刚刚兴起、国内绝大多数银行都还停留在“拉存款”阶段的时候，招行提出“没有 AUM（管理总资产）就没有存款”的口号。这一口号的提出，让招行率先重视零售客群、财富管理，在之后十余年的市场竞争中占尽了先发优势。

第二次是在 2018 年，招行又提出了一个新口号“没有 MAU 就没有 AUM”，看起来颇为工整，其实更有深意。我们可以想见，过去银行到处建新网点、社区支行和小微支行的时候，辐射半径能达到多少？有效触达的人群有多少？在这些用户中，能够保持较高频次到访网点、与银行有深度交流并产生价值的用户又有多少？

现在不同了，银行依靠线下渠道，既不必要、也不可能去大批量拓展新用户、经营老用户，更谈不上价值的发现与变现。对于用户及用户价值的争夺，将更加突出地表现在对用户时间的争夺上。虽然用户没有到网点，没有排队一小时，但是如果他想查股票行情就会登录一次手机银行，存货币基金就会登录一次手机银行，进行电费、电话费缴款就会登录一次手机银行，甚至只为了签个到、抽个奖也要登录一次手机银行，那么所有这些碎片化时间加起来，接触频次是不是更高，营销触点是不是更多，用户黏性和活性是不是更强呢？

事实上，手机银行与传统渠道之间，完全可以有更好的互动与合作形式。这里，我们举两个例子。第一，银行可以把高端、超高端客户的经营业务继续放在网点，特别是放在私行中心，这些都是一对一甚至“1+*N*”的，不需要大数据；要把年轻的大众客户经营业务放在手机银行端，立足于大数据支撑下的分群经营、精细化管理。第二，对于同一批用户，也可以探索线上线下的“空地联动”，比如，用户在手机银行上表达了诉求，银行就可以即刻将线索同步至用户的就近网点，实现及时办理、实时营销，从而在优化用户体验的同时，提升营销转化效率[1]。

总而言之，手机银行是在不断进化的，零售银行业的发展更是滚滚向前，永远走不了回头路。举个例子：过去办理信用卡都要到网点填表，人们不觉得烦琐，但是现在线上申请方便快捷，各种身份信息都能自动识别、精准弹出，就再也没有人愿意回到过去的申卡方式了。如果银行还故步自封，那么就是走向死路、万劫不复。

手机银行也是这样，从产品经理的角度来看，他要考虑的是如何完善用户体验、减少流量漏损。但作为零售银行的管理者，如果要打造 App 体系，那么认清大势、想明白手机银行发展的未来图景，才是最重要的。

1 金天《商业银行如何打造 APP？》。

第三节　大数据助力零售银行多渠道精准营销

大数据营销是近年来零售银行业的热门话题，一些银行在海量大数据采集、挖掘和应用方面已有丰富实践。在实战中，基于数据洞见的多种营销方式可以有效联动，形成多产品、多渠道、多波次的营销共振。这里，我们就以某家代表性银行（以下简称 M 行）为例，具体介绍其在客户数据挖掘和营销协同方面的有益经验。

一、数据的采集、挖掘和应用

1. 地理位置数据

M 行通过各类渠道来源采集地理位置数据：第一，客户在开立账户、办理业务的过程中，主动留存的地址信息，包括身份证件上体现的户籍地址、借记卡开户申请表上填写的住址信息、信用卡申请表上填写的住址和工作地址信息等；第二，客户在与银行网点交互过程中产生的地理位置信息，比如，通过客户近期最常到访的网点情况，结合到访时间（如工作日或周末），可判断客户生活的大致区域（网点覆盖半径一般不超过 3 千米）；第三，客户在打开手机银行 App、接入网点 Wi-Fi 等过程中，生成 LBS 定位信息，M 行可以据此更加精准地判定实时位置（10 米以内）。

在采集大量地址位置数据后，M 行会重点应用于两大方向：第一，识别高价值客户，进行存款、财富管理、个人贷款、信用卡等产品需求挖掘。比如，居住在城市内高端楼盘但行内资产不高的客户，可以作为高端借记卡（金葵花以上）和高端信用卡（白金卡以上）交叉营销的目标人群；持有拆迁小区房产、特定城中村房产的客户，可以作为大额存款、固定收益理财产品的营销对象；工作地址在名企、知名写字楼的客户，可以重点挖掘房贷、消费贷等产品需求。第二，识别高风险客户，对其在信用卡、贷款风控策略上给予特殊关注。比如，针对居住地或原籍处在伪冒、欺诈高发地区的客户，或申请资料地址与数据挖掘地址存在明显出入（声称居住在北京市中心、LBS 显示一直在五环外，或声称拥有企业、厂房却从未在该地出现）的客户，可以重点排查其信用风险，防止准入非目标人群。

2. 社交关系数据

M 行通过各类渠道来源采集客户的社交关系数据：第一，客户在填写借记卡开户信息和申请信用卡时填写的紧急联系人信息（如果紧急联系人非本行客户，则可作为营销线索；如果是本行客户，则可结合双方的姓氏、性别、年龄等进一步判定关系）；第二，基于对客户地理位置、工作单位信息等判断，银行所掌握的客户的同事关系、同业关系和邻里关系数据（还可以结合猎头招聘网站等合作数据进行补充和确认）；第三，转账记录及客户在转账时填写的附言信息；第四，客户有规律地与他人共用网络的信息（如 A 与 B 长期在工作日工作时间共享网络，说明为同事关系；A 与 C 长期在晚间及休息日共享网络，说明为家人关系）。

与地理位置数据一样，社交关系数据可以作为银行精准营销的重要参考。如果客户紧急联系人、家人、关系密切的同事等属于高风险客户，需要审慎准入；反之，如果客户关系人均为高资产优质客户，则可以作为企业批量获客、行外潜力资产挖掘、重点产品 MGM[1] 营销的目标人群。这里试举一例：客户在填写大额转账附言时，常常会注明客户关系及用途，如“借款/还款”“货款”“投资”“彩礼”等，可以作为银行切入生活场景、判定资金流向、挖掘圈层营销需求的线索。

3. 语音和文本数据

语音和文本数据是典型的非结构化数据，过去在采集、挖掘、应用等各方面较受局限。M 行通过获取、分析、挖掘客户和产品相关网络数据，可以发现客户需求、预警负面事件，及时处理客户诉求。远程银行在接到客户来电时，即使接线客服本人并不敏感，但通话记录在留存为语音、解析为文本信息后，可以通过关键词识别（如产品需求关键词、高危客诉关键词、负面情绪关键词等），准确判断客户的真实意图、关注点（抱怨点）及潜在需求，从而在产品营销、客户的激活唤醒和流失挽回、负面舆情介入等方面发挥作用。

4. 客户行为数据

在 M 行，客户在线上渠道的登录时间、频率、浏览痕迹等可作为开展客户经营、特别是定向产品营销的重要线索。比如，手机银行设有“猜你喜欢”等专门模块，展示营销信息，其逻辑是：第一，展示客户曾经通过网点、电话银行渠道问询的产品信息；第二，展示客户近期曾在手机银行、网上银行、银行官网上浏览过的产品信息；第三，展示客户重要关系人（如家人、同事等）已经持有或近

1 MGM 是英文 Members Get Member 的缩写，即老带新的意思。

期购买的产品信息；第四，展示根据模型判断的客户有较大可能购买或同类客户大概率持有的产品信息。当然，如果客户在点击产品信息、已完成购买后，那么银行将对展示逻辑进行实时调整；如果客户多次点击后没有完成购买，那么可以作为线索进行多渠道营销或人工干预，促使其完成购买；如果客户对推荐信息进行负面反馈，或长期对推荐内容不点击、无响应，则在一定时间内不再推荐该产品。

二、多渠道营销协同

1. 主动式营销

主动式营销（Campaign 营销）是最常规的营销方式之一，基本流程是总分行下达营销线索、营销话术、营销方案，贵宾客户经理、个贷客户经理、理财专员等根据线索进行电话邀约，在客户到访网点后进行集中营销，最后成功引导客户完成产品购买。目标人群选择是主动式营销的关键环节。M 行支持通过三种方式筛选目标人群：第一，支持分支行直接发起营销活动，从不同的客户指标库和标签库中选取指标区间，生成客户名单；第二，建议分支行选用总行开发的市场营销模型，选择模型中排名靠前的客户名单（前 10%、前 20%等）；第三，支持在合规前提下，从外部导入客户名单。

市场营销建模能力是精准营销的核心能力。如以股票型基金交叉销售模型为例，模型开发者首先瞄定“是否持有理财产品”“理财产品购买时长”“持有重点产品数”“负债资产走势”“借记卡持卡等级”“最近三个月内交易次数”“定期存款资产占比”“股票资产占比”“学历等级”等多个影响因素。研究发现，“是否持有理财产品”和“理财产品购买时长”对客户购买股票型基金的影响程度最大（IV

值最高)，因此在模型开发中对相关因素赋予更高分值。使用模型和进行反馈的频率越高、信息越充分，模型的精准度就提升得越快。

2. 拦截式营销

拦截式营销是指抓住客户与银行接触的各类场景，进行身份信息认证和营销内容触发，引导银行人员拦截跟进，促成营销转化。在M行网点内，客户在叫号机刷卡取号时，即可在生成号码条的同时，产生3条营销提示，引导员和在客户等待区巡视的大堂经理可以根据提示内容展开营销，或将客户引导至专门区域，由专业人员进行营销；同理，客户在接触到高柜柜员、理财专员、贵宾客户经理时，相关人员的操作系统界面上也会提示相应信息，便于开展针对性营销；当贵宾客户刷卡进入贵宾室时，银行会收到客户来访的短信或微信提示，在提醒员工前往贵宾室接待的同时，也产生营销提示内容作为参考和准备。

开展拦截式营销需注意以下方面：第一，不同渠道的推荐内容应当协同，比如结合客户场景和需求，推荐内容可以有所侧重，柜台客流量相对较大、客户等待时间较长，更适合推荐简单的功能性产品（如手机银行)，而在贵宾室适合推荐更私密、更复杂的产品，但不同渠道推荐的内容不应存在明显冲突；第二，推荐内容既需要结合市场营销模型，考虑客户成功办理的可能性，又需要结合银行产品价值和当期营销重点（如保险产品营销成功率低，但客单收益高)，从而在多个模型结果中再次排定优先级，平衡功能类产品与余额类产品的展示关系；第三，对敏感客户进行推荐屏蔽。

3. 事件式营销

事件式营销是指由特定事件触发的营销行为。比如，客户出现大额动账，如工资入账、转账、存款和理财产品到期、信用卡大额消费或境外消费等行为，银行即可在进行短信或微信通知的同时，进行营销尾随。需要注意的是，尾随内容需要与客户行为有内在关联，如客户的定期存款到期，可以向其推荐其他存款产品，客户的理财产品到期，可以向其推荐能够接续的其他理财产品（可以根据银行沉淀活期存款的需要，选择适当的间隔时间），客户的工资或小微回款入账，可向其推荐不同流动性的存款和理财产品，客户的消费动账，可向其推荐刷卡优惠活动等。

“月末大额转出他行，本人同名账户资金拦截”是一个典型营销案例。M 行发现，每逢月末，特别是关键月末，都会有大量资金转出到客户在其他银行的本人账户，部分资金会在次月月初回流，可以判断这是同业高息揽存、优势理财产品吸引所致。因此，M 行对大额、整数资金转出他行的本人账户进行识别，客服会及时与客户确认是否为其本人操作（以保护资金安全的角度出发），进而了解转出原因，如确系他行高收益产品吸引，则顺势推荐本行的优势产品（为白名单销售的“钩子产品”，专为拦截资金流出的客户设计），成功率达到 70%以上。对有生意人标签的客户、体验要求较高的私行客户可不予拦截。

4. 管户式营销

管户式营销是银行最传统的营销方式之一。与其他多数银行不同的是，M 行较早启动多层次的管户式营销：第一，对高端客户（私人银行客户等），进行“1+*N*”（一个专属客户经理+产品经理和投资顾问团队）服务；第二，对中高端客户，进行一对一的客户经理服务；第三，对中低端客户，主要交由远程银行进行电话银行服务；第四，对大众客户，主要引导其在线上、自助渠道办理业务。

多层次管户式营销的优势在于：第一，根据客群的特征和需求差异，更加精准地匹配有限资源，既满足高端客户的专属感需要，又满足大众客户自主、快捷办理业务的需要，最大程度地降低渠道和人员成本，发挥大数据资产应用价值；第二，鼓励适度竞争，合理确定客户经理在正常时间、精力下的管户上限，允许固定维系一定数量的核心客户，但把难以有效服务的其他外围客户，划入公共池，允许其他客户经理，甚至其他支行探索新的营销切入点，从而在保护现有利益的同时，激励各团队良性竞争、创造增量。

管户式营销需要与其他渠道密切协同。在 M 行，营销线索会实时反馈给管户客户经理进行跟进落地。比如，在客户致电客服或接听客服电话、表达某需求后，远程银行会将营销线索同步给客户经理，促使其抓紧把握营销时机；如没有专属客户经理，则会根据客户 LBS 地址定位，将线索同步给离客户最近的支行人员，引导其跟进营销[1]。

1 金天《银行大数据精准营销背后的数字秘密》。

第四节　区块链技术赋能小微金融服务

说起区块链，很多人脑海中的第一反应就是比特币，或者以比特币等为代表的一系列加密资产。如果区块链仅仅是这样的一种货币或商品，那么它将如何有效赋能实体经济，特别是小微企业的金融服务呢？讨论这一话题，首先需要“正本清源”，从区块链的技术发展和应用实践说开去。

一、区块链的基础概念

区块链，顾名思义，就是由多个区块“链状”连接起来的共享数据库，汇集了包括分布式存储、加密算法、点对点传输等在内的多项技术，形成了多个主体之间基于信任的共识机制。简单来说，链上存在的各个区块都是平等节点，没有一个“中心化”的管理者。

相较传统记账方式，区块链中每笔交易都通过密码学方式与相邻区块进行串联，何时、何地、何人生成或上链了何种数据，其他所有节点都清晰可见，可备份、可追溯。同时，区块链不支持任何单一节点对数据进行篡改，除非有超过 51%的节点同时发起账本修改。基于这样的关键技术特性，区块链可以构建一个“端到端”的庞大网络，对链上各节点数据进行增信，保证信用在整个区块链内按照共识进行有序流转，从而提升交易效率、降低交易成本。

区块链的发展，最早可追溯至2008年的比特币，经过十余年的发展，其已从虚拟货币领域延展开来，初步实现了在社会经济中的广泛应用。智能合约的出现，使区块链的技术应用从简单记账走向交易过程中的“自我管理”，比如，通过设定价格目标，保证合同、票据或其他交易能够自主触发、自动完成，这大大丰富了区块链在实体产业中的应用场景。

近年来物联网生态蓬勃发展，更使区块链技术可对每个被采集到的价值信息进行确认、存储与计量，从而在身份认证、公证、仲裁、审计、域名、物流、医疗、邮件、签证、投票等日常生活的各个方面构成万物互联底层协议，奠定了信用社会的重要基础。

从目前看，区块链技术已成功应用于物流运输、电子商务、人事管理、租赁服务、企业招采、电子政务、教育培训、产品销售、医疗健康、大宗交易、交通运输、地产工程等众多行业场景中。以医疗健康为例，各个主体、特别是终端消费者的突出痛点是药品安全、医疗健康信息安全得不到有效保证。一方面制假售假、盗用冒用等违法行为屡禁不止，另一方面相关数据信息难于采集和取证，追溯召回、市场管理等存在现实困难。

在此方面，区块链技术可以很好地解决医药供应链大数据资源分散、数据隐私保密性要求高、互联网售药服务无法跨平台协同监管等行业痛点，实现信息公开透明。其私钥管理、不可篡改的特性，又可以为医疗数据隐私保护、安全流通管理等提供更多可能。在广受关注的疫苗安全问题上，区块链可以打通疫苗生产、冷链物流、疾控中心和接种站、冷藏、接种及反馈等全流程，解决防伪、流通追溯、问题药品召回、超量购药、成瘾药处方反复使用等问题，保证合格药品得到合理、合法使用。

二、区块链在小微金融服务中的应用

区块链在大幅拓展实体产业应用的同时，也在金融服务、特别是小微企业的金融服务领域大放异彩，在贷前调查、贷中审查、贷后检查、不良资产处置及衍生服务的各个环节，都具有十分广阔的应用前景。

在贷前阶段，区块链技术可以首先应用于物流供应链，帮助银行等贷款机构更加全面、准确地掌握小微企业的真实主营业务、交易背景、上下游关联企业，以及其在供应链当中的谈判地位、商品畅销程度、回款的节奏和路径等。这一方面帮助更多轻资产、高成长性优质企业通过交易票据、物流单据等获得融资支持；另一方面防止问题企业虚构、伪造业务背景和资金需求骗取贷款。区块链技术还可以应用于公积金互联，帮助银行了解借款企业股东、高管、普通员工的社保、公积金等实际缴纳情况，从而合理评估企业人员规模和经营情况，为授信和贷款审批决策提供充分依据。

在贷中阶段，区块链技术可以应用于企业贷款资料审查和抵、质押物审核，帮助银行提升审批效率，保证审批质量。在企业、特别是小微企业的融资过程中，往往需要提供合同等必要材料，纸质合同多方传签、用印，不仅效率低下，还存在伪造变造、虚假签章等一系列问题，给银行审批带来较大的伪冒欺诈和信用风险。

在区块链技术的支持下，相关的实名信息主体、订单及下单流程、电子合同、协议签订流程、后续补充协议、照片资料都可进行即时保全，且全部存证不可篡改，可以保证银行快速认证、审批，并在出现纠纷时高效解决（图 5.3 为基于区块链技术的电子存证服务示意图)。除了传统的不动产，企业和企业主拥有的其他资产，包括银行理财等金融资产也可用于转让、质押，成为能被银行接受的合格增信依据，提高了企业信贷的可得性和即时性。

图 5.3　基于区块链技术的电子存证服务示意图

在贷后阶段，区块链技术可以对企业生产经营状况、履约还款能力进行及时评估，帮助银行有效把握信贷风险，随时调整贷后风控策略。在以往的业务实践中，银行往往既不十分了解抵、质押品的真实市场价值，也不能很好地评判企业在入仓、出仓等环节的操作对剩余抵、质押品市场价值的影响，对仓单质押等新型贷款类型的掌控能力相对较低。

在改为采用区块链技术支持的数字仓单后，商品品质、数量、规格、照片等信息可以完整、标准化上链，真实性、可追溯性得到充分保证，银行可在技术上杜绝企业和仓储机构虚构仓单、仓单与出入库信息不符等情况，保证贷后管理的实效。此外，借款企业的厂房、写字楼租赁等信息也可以借由区块链技术充分共享给银行、上下游企业及其他中介服务机构，最大程度降低人去楼空等卷款跑路的风险。

如果小微企业的不良资产已经生成，区块链技术还可以应用于银行催收、司法处置及资产转让。如前所述，企业生产经营、合同订立、向银行申请贷款的全部记录均可上链存证，利用区块链技术去中心化、不可篡改等特点，结合电子签名、数字指纹、时间戳等技术，保证电子数据的完整性、可信性，提升银行在仲裁、公证、法院和鉴定中心等各个环节的司法维权效率。

在资产证券化领域，区块链技术还可以帮助银行构建增信保障平台，降低增信的转移成本，提升ABS资产的底层透明度和交易结算效率，有利于开展小微业务的银行拓宽融资渠道，降低融资和风控运营成本，促进信贷业务管理流程标准化，缩短融资交易周期。通过绕过中心化的中间支付清算系统，实现点对点即时支付，还能大大缩短支付到账时间，促使不良资产更加快捷、顺畅地在市场上完成批量流转。

除了信贷，区块链技术还可以在更多衍生领域，帮助银行机构做好小微服务。比如，银行积分、会员管理体系可与企业积分、会员管理体系充分打通，发挥各自跨界资源整合能力，实现积分和会员权益在跨机构条件下“通存通兑”，增加、使用或转换积分的任意操作都可以基于区块链技术实时记账、灵活配置，帮助小微企业、特别是生活服务类的小微企业改进用户经营和内部员工管理，加强其对银行的品牌信任和平台黏性。

银行的区块链研发和运营能力，也可以有效输出给其所服务的小微企业，帮助后者实现新业务模块的快速部署，降低开发、测试和运营成本，形成海量小微企业的产品和服务在银行生态圈中的充分聚合，这有助于银行在各个细分市场、垂直领域实现对小微企业的圈层管理。

三、对区块链服务小微金融的前景展望

展望未来，在数字科技前沿技术相继进入落地应用期的大趋势下，区块链与大数据、云计算、人工智能、物联网等其他技术交叉融合的商业前景十分可观。比如，物联网可以实现各类终端、大量非结构化数据的实时、准确和安全采集。大数据可以基于对这些数据的深度挖掘，形成更加精细的数据洞见。云计算可以基于海量数据的云端存储、安全性和资源管理能力，提升数据资产的应用价值。人工智能可以基于机器学习等能力，把数据发现转化为自动化的智能商业决策。

以上技术应用可以和区块链技术一道，共同保护全市场、开放生态下的隐私数据和信息安全，引导数据智能有序共享、深度交互，从而降低银行、小微企业、中介服务机构等各类主体间的信任成本，打破信息不对称，提升协作效率。举例来说，传统商品溯源有二维码、NFC、芯片加密技术，但在商品交易中仍存在易仿造、易被调包、NFC 芯片成本高等问题，而"区块链+人工智能"恰恰可以更好地破解"实物唯一性"问题，帮助小微企业和终端消费者维护自身权益[1]。

目前来看，区块链技术要想在更多领域落地应用，还有赖于在高效、安全、场景拓展等不同维度上找到最佳平衡点。事实上，能同时满足高效和安全的应用场景往往拓展性不足。既高效、又能快速拓展的领域在安全性上存在瑕疵，而既安全又支持大范围拓展的

---

1 张夏明《2019 区块链发展回顾与未来展望》。

领域在效率上又存在不足，这导致区块链技术在很多垂直领域的应用中存在技术瓶颈。同时，包括小微服务在内的一些金融领域，本身行业数字化发展程度还较有限，区块链应用的基础设施相对薄弱[1]。

在此背景下，无论银行还是小微企业，都会面临联网部署成本高的现实问题，会在区块链的应用效益与经济成本间进行反复权衡。因此，只有进一步建立低成本的信任机制，推动各类主体间形成协作共识，将涉及主体多、环节多和周期长的业务链条扁平化，才能为区块链在实体产业和金融服务中的应用开辟更加广阔的空间。

1 金天《区块链赋能小微金融服务》。

第六章

资管转型

近年来，新兴科技正深刻改变着资产管理的市场业态，金融科技开始成为未来资产管理发展的新方向和制高点。数据生产要素与前沿科技的发展，为新时代条件下的行业增长打造出全新场景，数字化转型成为资管机构打造核心竞争力的重要方向。面向未来，资管机构将更加注重科技在金融领域的规范应用，利用科技手段开放合作、精耕细作、下沉服务，以满足市场主体对高质量资管产品的切实需求。

第一节　资管科技的前世今生

资产管理业务，是指资产管理人根据资产管理合同约定的方式、条件、要求及限制，对客户资产进行经营运作，提供证券、基金及其他金融产品，并收取费用的行为。目前，中国的资产管理行业正面临百年未有之大变局，资管机构需要根据自身资源禀赋，找准战略定位，特别是需要充分利用金融科技赋能，加快数字化转型。从行业实践来看，越来越多的资管机构通过整合内外资源，与互联网企业跨界合作等手段，激发自身优势，塑造新时代条件下的核心竞争力。

一、资管行业概况

在金融业务中，资产管理行业起步较晚。2007 年以前，其主要集中于公募基金领域，投资标的以标准化权益市场和债券市场为主，受股票市场影响较大，行业规模整体较小，细分领域竞争程度不高，投融资功能不明显。在 2008 年金融危机后，受益于大量表外融资需求的产生，银行理财和信托业务的规模开始急速扩张，资管业务逐步摆脱了权益市场单一主导的局面。从 2012 年下半年起，牌照资源逐步放开，行业步入“大资管”时代，在非标资产规模激增的同时，产品多层嵌套及资金池运作等现象增多，流动性风险隐患不断加大；事实上，混业经营与分业监管矛盾突出，极易引发金融风险跨行业、跨市场传播。2016 年以后，统一、从严监管的呼声高涨，行业规模增速明显下滑。

2018 年，中国人民银行、中国银行保险监督管理委员会、中国证券监督管理委员会、国家外汇管理局联合发布《关于规范金融机构资产管理业务的指导意见》（简称资管新规），拉开了资管行业转型发展的序幕。此后，银行理财、证券期货资管、保险资管等配套细则相继落地，基本形成我国百万亿级资管市场的监管制度和规则体系。在资管新规的指导下，同类资管业务监管标准逐渐得到统一，刚性兑付被有序打破，金融风险得到有效防控，金融服务实体经济的能力进一步增强。资管新规实施后，资产行业总规模出现下挫态势，增速于 2018 年首次出现负增长，2019 年增速继续萎缩至-4.9%（如图 6.1 所示）。与此同时，由保险资管、公募基金、券商资管等组成的从事资产管理相对专业的几类机构，在整体规模上却呈现出逆势增长的态势。

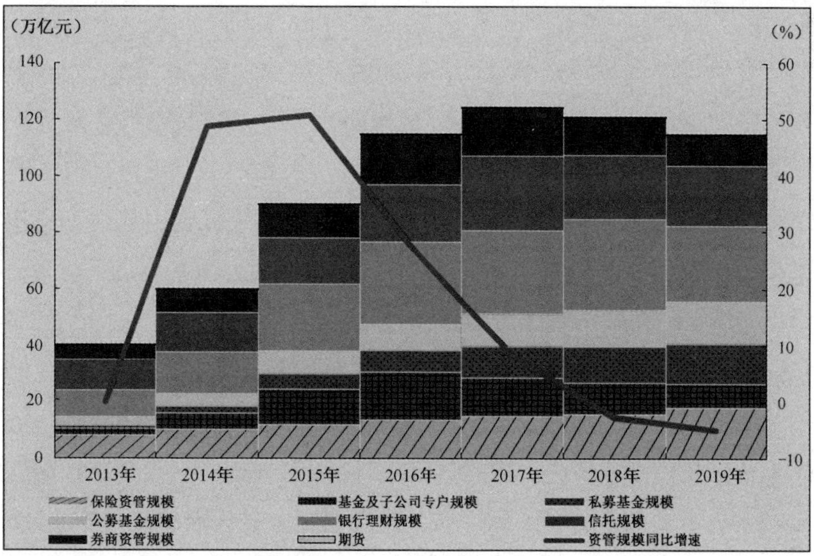

图 6.1　资产管理行业规模

数据显示，在资管新规出台前，各类金融机构资管产品均呈现快速扩张的趋势。2017 年年底，银行理财产品和信托产品分别以 29.54 万亿元和 26.25 万亿元的规模居所有产品规模前两位；2018 年资管新规出台后，由于通道业务的萎缩，券商、公募基金、信托等产品规模迅速下滑，其中，规模缩减最大的为券商资管产品，当年即萎缩 3.52 万亿元；银行理财产品规模则于 2019 年首次出现下滑态势，同年缩减至 26.84 万亿元。从增速上来看，在资管新规出台的前四年，各类金融机构资管产品规模增速均维持正增长态势；2018 年资管新规出台后，券商、信托等产品规模增速迅速转为负值，银行理财产品增速于 2019 年反转至−16.4%。

从细分市场看，公募基金资管产品前几年的增长主要依靠货币基金带动，在资管新规出台后，在产品投资范围、产品销售范围上有所放宽，产品规模开始提速增长，2019 年突破 14 万亿元，创历史新高。私募基金资管产品在 2012 年取得正式法律身份后快速发展，在资管新规出台后规模增速回落，2019 年增速跌至 10.78%，为六年来的最低值。在证券基金类持牌机构的私募资管产品中，券商资管产品规模逐年萎缩，2019 年下降 18.9%，为 10.83 万亿元，占证券公司营业收入的比例下滑至 6.7%，为近三年来最低值；基金专户和子公司的资管业务陷入整体萧条，2019 年萎缩至 8.53 万亿元，不足 2016 年巅峰期的一半；期货公司的资管业务在 2018 年下滑至 1276 亿元，也不及 2016 年巅峰期的一半；保险机构的资管业务维持正增长态势，2019 年增速达到 16.66%，规模增至 18.11 万亿元；信托机构的资管业务呈萎缩态势，2018 年下降 13.5%，为 22.70 万亿元，2019 年继续下滑 4.9%，为 21.60 万亿元；银行理财规模在 2018 年过渡期期间达到 32.11 万亿元的历史峰值，但随即掉头向下，2019 年已不足过去三年规模均值的 90%，2020 年以来，整体规模有所恢复。

二、资管行业拥抱数字化转型

在资管新规背景下，资管机构需要根据自身资源禀赋，找准战略定位，进行航母级和精品型多元发展；提升核心竞争力，充分利用金融科技赋能，加快数字化转型；优化组织结构和人才体系，推动金融资本与实体经济协同发展，助力经济产业数字化、智能化和资源配置格局转型。比如，在国内已开业的银行理财子公司中，绝大多数将产品体系和投资策略定位为“固收+”，以充分发挥银行资管在债券等标准化固定收益投资方面的传统优势；信托资管积极谋求转型，头部机构以“回归信托本源”“支持实体经济”为指引，从以项目为中心转向以客户需求为中心，逐步发展壮大家族信托、股权投资、信托基金等财富管理和资产管理业务优势，以满足高端客户的个性化财富管理需要。

资管行业除了在规模上做大做强，也鼓励机构在垂直领域做精做细。资管机构应基于自身资源禀赋、客群特征、专业侧重等要素，探索市场定位和战略方向，在发展中塑造“中而专、小而美”的特点。基于未来资管机构对资产管理价值链中资金、产品、资产、风险等关键环节上客户群体取向和核心能力的差异化诉求，行业将越发呈现两极分化的发展格局，“流量型资管机构”和“精品型资管机构”各自占据一部分市场声量。这两类资管机构在投资研究、量化投资、风险计量、组合管理、集中运营、渠道获客等六大维度上，均存在明显区别（见表 6.1）。

表 6.1　两类资管机构对核心业务能力的差异化诉求

主要方向	流量型资管机构	精品型资管机构
投资研究	有足够的投研能力深入各类市场，提供丰富的产品 更关注优质管理人的甄选能力	自主组建专业的市场投研团队 有较完善的数据采集、分析研究和报告机制，对外输出研究成果
量化投资	关注捕捉阶段性投资机会的能力 有选择地开展量化研究，对外包量化研究能力持开放姿态	注重长期价值投资、保值能力 将局部专业市场的能力视为差异化竞争能力，持续加大投入
风险计量	注重针对更广泛市场的标准化、自动化风险监测能力 满足海量用户投资组合的高频风险计量能力	注重提高非结构化信息及另类数据的风险监测，打造一体化风控与投资体系 关注复杂的风控算法模型能力、风险因子相关度的智能识别与预测能力
组合管理	基于分层客户信息，提供“菜单式”产品推荐，监管灵活的市面产品筛选、配置能力 智能化投资组合的动态“再平衡”能力	产品组合、投资建议高度定制化，侧重面向高净值、家族客户提供财富管理配置方案 可能涉及股权、房地产等另类资产的动态配置
集中运营	注重面向客户的产品全生命周期运营能力 注重操作高度线上化、数字化，更关注规模化运营效率，控制成本要求高	关注局部专业投资领域的智能化运营升级 关注对专业个人投资者、机构投资者的个性化运营需求的满足
渠道获客	拥有相对强大的直销渠道、广泛良好的第三方代销关系 拥有较强的品牌识别度和客户基础，持续提供针对客户的高质量服务	具备一定的工业型产品生产优势，同时更倾向于面向客户的智能投顾能力 注重打造专业投资赛道的口碑

其中，在投资研究上，资管机构需要由点及面寻求非对称性突破，构建更合身的投研一体化能力，银行理财子公司需要积极补足权益市场的投研短板；在量化投资上，尽管业内已开始应用大数据、知识图谱、人工智能等技术来提升量化投资的有效性，但模型开发

仍需要重视能力沉淀，与量化投资相匹配的极速交易、实时风控等能力也有待增强；在风控计量上，资管机构需要强化从产品开发、销售管理、投资决策、交易执行、投资运作和运营管理的全生命周期风险管理，提升实时风险监测和预警能力；在组合管理上，资管机构需要优化大类资产配置与动态组合的“再平衡”，打造全资产组合管理能力；在集中运营上，资管机构需要在运营流程、系统运维、财务对账、监管合规等各方面加强资管科技在运营端的应用，开展智能运营，促进降本增效；在渠道获客上，资管机构既要借助智能客服、智能投顾等工具，开放、普惠地提升以客户为中心的营销和服务能力，又要依托数字化手段，更加精准地投射、细分客群，提升获客转化实效。这些举措在实践中存在不少困难和挑战，也为资管机构成功实现数字化转型、脱颖而出创造了独有机遇。

三、科技能力重塑资管业态

伴随资管新规及其配套细则相继落地，宏观经济与监管环境全面趋严、压力叠加，突破传统经营模式已成大势所趋，金融科技正成为资管机构重塑风险管理能力、回归资管能力本源的重要内生动力。无论原有头部机构巩固竞争优势，还是市场中的中小参与者在变局之下谋求“弯道超车”，都需要在以下六大科技能力上有所作为。

第一是数据服务能力。在当前各类线上线下场景下，资产管理的需求无处不在，大数据贯穿各个资管场景。除了传统的资管数据场景，机构需要对创新及场景化的数据源做进一步探索：借助人工智能算法等方式对非结构化数据进行处理，运用自然语义识别、知识图谱等技术多维度提取和分析数据，深度挖掘数据价值与可能性。比如，网商银行推出代号为“大山雀”的卫星信贷风控系统，将遥感技术应用于农村金融领域，农户只需拿手机绕地走一圈，或在支付宝上把农地在地图上圈出来，卫星就可以识别农作物面积及类型，快速完成信贷评估，识别准确率达到93%以上。

第二是算力服务能力。我们通常所讲的算力，是指设备通过处理数据，实现特定结果输出的能力。数据与算力的发展使资产管理与财富管理融合成为可能，并改变了资产管理展业与交互的方式。未来几年资管机构对人工智能、物联网、区块链、AR/VR 等技术的应用将大幅增加。这些技术在各种资管场景下的应用发展将对算力的能力提出新要求：一是“随时”，即快速响应，提供低时延且不间断的算力支持；二是“随地”，即广泛覆盖，提供不受地理范围限制的算力支持；三是“随需”，即大量级，提供能满足波峰与波谷的算力需求；四是“随形”，即载体丰富，能够装载在随形的载体上。

第三是算法服务能力。算法、特别是核心算法的开发应用技术能力对资管机构的资产配置起到推动作用，助力机构在竞争中抢占先机。比如，蚂蚁金服集团和全球最大的公募机构之一先锋领航（Vanguard）合作推出智能投顾产品“帮你投”，可在投资前通过智能用户画像、风险测评、大类资产配置分析并输出投资策略，交易完成后持续研判投资风险、自动调仓，并将各类报告、行情分析解读即时与客户分享，实现全周期在线陪伴。产品上线 100 天，用户数就超 20 万人，合计管理规模约 22 亿元，其中 90 后用户占比超过一半。

第四是交易服务能力。交易处理智能化是资产机构提升竞争力的又一重要课题。国内外资管机构积极引入 RPA（流程机器人）、区块链等技术，实现交易流程自动化，提升下单效率，提高客户服务品质。其优势在于：它可以全天候地进行交易服务，基于区块链不可篡改、时间戳验证等属性，提高交易服务中的信任传递效率，加快订单审核速度；可以使用虚拟机器人，替代一部分原有的前中台工作人员，降低人工投入，压缩运营开支；可以减少人为操作失误，加强流程监测，提升交易安全性。

第五是硬件服务能力。数据中心的建设运维是资管机构信息技术工作的重点之一，主数据中心与灾备数据中心的基础设施、网络带宽、日常运维等均需付诸大量的资金与人力投资。基于对金融行业场景的理解，阿里云、腾讯云等先后推出金融云专业解决方案，帮助资管机构解决海量数据的存储及处理问题。其优势在于：它可以舍去传统数据中心，以降低场地租赁、机房建设与机房日常运维等公司成本；可以对存储空间做出动态调整，弹性扩容，灵活缩放；可以借助云服务供应商的大数据处理能力，进一步实现对海量业务数据的实时跟踪和动态分析。

第六是通信服务能力。通信科技的发展既可以更好地为人与人之间的通信提供服务，还能与云计算、人工智能、物联网等技术结合，实现万物互联，为金融服务创新和升级带来新的活力。在5G时代，通信服务迭代升级可以促进资管行业基础设施变革，承载更大量级的业务流量；可以优化资管服务模式和用户体验，特别是提升“云端网点”服务效率；可以提供更精细化的服务能力，使整个资产管理服务流程做到“无感化”，各类场景无缝衔接，从而提升资管服务与实体产业、居民生活的连接效率。

第二节　智能投顾的迭代之路

智能投顾（Robo-Advisor）是基于大数据、量化模型的资产配置解决方案与衍生的财富管理服务。与投资顾问行业的传统业态相比，智能投顾高度依赖互联网技术和自动化程序，保障财富管理全流程透明、可追溯；基于组合投资理论，它可以用分散化、长期化和纪律性的投资行为破解个体投资者的人性弱点，创造投资收益；可以减少投资者与机构之间的潜在利益冲突，提供更好的财富管理服务体验。在此意义上，由数字科技加持的智能投顾，将为财富管理服务效率的提升带来全行业革命性变化。

一、行业发展概况

智能投顾是指通过互联网技术，以投资者的风险偏好、财务状况和投资目的为依据，利用大数据和量化模型（主要是现代组合投资理论），为客户提供基于标准化资产的配置方案，并根据市场变化进行持仓追踪、动态调整的一系列财富管理服务。智能投顾的标准服务流程可以大致分为以下五步：一是客户分析，二是大类资产配置，三是投资组合选择，四是交易执行，五是投资组合再分析平衡。

智能投顾最早兴起于美国。从历史上看，美国金融服务业高度发达，市场上的金融产品十分丰富，FOF[1]市场及投顾行业早已非常成熟，为什么又会出现智能投顾的市场空间呢？实际上，智能投顾的崛起与互联网技术、特别是移动互联网技术的普及密不可分。具有高学历、熟悉互联网、存量资产不多但乐于研究和接受新生事物的硅谷程序员们，成为在移动互联网大潮下成长起来的美国新贵，给予了基于互联网的财富管理极大信任，也成为 Weathfront、Betterment 等智能投顾公司早期最重要的用户。

2010 年以后，美国开启了全新的智能投顾时代。机器人投顾（Robo-Advisor）、人工智能投顾（AI Advisor）等各类智能投顾模式迅速发展。借助互联网流量，智能投顾服务商可以将投顾服务拓展到金融服务薄弱的长尾用户；伴随大数据、人工智能、云计算等金融科技底层技术的加速商用，智能投顾服务商可以更加充分地利用市场信息，实现投资决策逐步从半人工向智能化的巨大跨越。截至 2020 年年末，美国主要机器人服务商的 AUM（管理总资产）已达 1.41 万亿美元，其主要服务商见表 6.2。

表 6.2　美国智能投顾主要服务商

Robo	AUM（Million US）	Valuation（Last Funding Million US）	Clients
Vanguard Personal Advisor	148000	Unkown	Unkown
Charles Schwab IP	43000	Unknown	22000
Wealthfront	23000	247041	500
TD Ameritrad Selective &Essential Port	20700	Unkown	Unkown

1 Fund of Funds，简称 FOF，即基金中的基金，是一种先投资其他证券投资基金，之后再通过其他证券投资基金对股票、债券等证券资产进行间接投资的一种基金。

续表

Robo	AUM（Million US）	Valuation（Last Funding Million US）	Clients
Betterment	17600	800	419543
Personal Capital	12000	Unknown	22000
Future Advisor（Black Rock）	1192	152（Acquired in 2015）	12285
Acorns	1149	860	4500000（Account）
United Income（Capital One）	1014	Unkown	1143
Ellevest	537	Unkown	29441
Wealthsimple	5000 CAD	Unkown	175000
SigFig	485	471	11168
T Row Price Active Plus Port	355	Unkown	Unkown
Ally Invest Advisors	242	294	21513
Axos Invest	179	Unkown	23659
SoFi Invest	106	Unkown	26537

伴随着中国经济的快速发展，大众的投资需求和投资习惯也在升级，财富管理市场呈现升级态势。2015 年，智能投顾商业模式被引入中国，相关的创业浪潮出现，一年内宣称开展智能投顾的服务商数量跃升至 50 余家。目前，中国的智能投顾已拥有更广泛的客户群体，但受制于金融市场发展基础、政策不明及投资者准入门槛、服务成本等因素，智能投顾服务商只能提供基于算法的资产配置建议，客户的选择非常局限，难以享受个性化、低成本、高效率的财富管理服务。作为定制化、数字化的财富管理解决方案，智能投顾有望成为中国大众投资者财富管理和资产管理升级的突破口。

二、智能投顾行业案例

美国的智能投顾公司主要分为以下两类：

一是以机器为主的智能投顾，以 Betterment 和 Wealthfront 等为代表，其服务过程分为四步。首先，进行在线问卷测评，了解客户客观的风险承受能力和主观风险偏好水平，计算用户的风险等级；其次，根据用户风险偏好、账户类型等信息，提出基于算法推荐的各类投资组合；再次，使用户资金转入第三方券商，实现代理投资；最后，根据用户需求的变化更新投资组合，实时智能跟踪，采用阈值法（设定上下限）进行定时调仓。

二是人机结合的智能投顾，其主力是美国的传统金融机构，如 Black Rock、Vanguard 等巨头，其将原有线下部分中的低净值用户投资服务迁移至线上。以 Vanguard 为例，其在客户风险偏好判断过程中，不单纯依靠系统评分，还将有关疑点提交给投资顾问，以便其与客户进一步交流；在大类资产配置过程中，其也会以更加亲和的方式与客户沟通配置和调仓的细节。人机结合的方式可能是其取得巨大成功的原因，人工服务会提出针对财务计划的建议，而非仅仅对客户的资产组合进行管理，从而带给客户更多安全感。

智能投顾服务进入中国后，可根据机构性质的不同分为三大类：

一是以科技公司为基础的智能投顾创业公司，如京东智投。京东智投选择了相关性较低的五大类基础资产，包括货币基金等类固收资产，国内债券型基金和偏债型基金等较低风险资产，国内偏股型基金、指数型基金和股票型基金等中高风险资产，QDII 海外基金，以及黄金、石油等大宗商品类基金，从而帮助客户充分分散风险。

京东智投的运作模式是提供主动管理+被动型的基金配置方案，其中重要的一点是跟踪指数型基金，主要判断大类资产走势，捕捉大类资产的轮动，以此获取超额收益。此外，在申购赎回上，其费率较低，能够减轻双重收费带来的负担。

二是以银行、基金、券商等试点金融机构为基础的智能投顾产品，如最早出现的招商银行摩羯智投。背靠招商银行强大的零售能力，摩羯智投可谓是含着金钥匙出生的，成为行业内的标杆性产品。其特点在于：第一，其理念上升为基金领域的智能投资，包含摩羯组合、自助选基和聪明定投，实际上涵盖组合购买、单只购买、定投购买等多种场景。第二，其模型并非以服务端形式体现，而是按期限分成三个大类，背后仍然以用户分类对应枚举组合的形式进行匹配。第三，设计尽量简洁，基本上只需两步即可进入购买页面，互联网产品既视感突出。

三是智能选股“智投”和其他衍生“智投”，此类产品是否属于智能投顾仍存争议。其原因在于：智能投顾是为用户构建一个低成本、低门槛的去中心化 FOF，而智能选股很难在分散性、管理成本，以及用户的风险偏好匹配上满足大众投资者的要求。此外，很多券商基于其经纪业务的需要，也开发了一些选股工具，号称智能投顾，但从当前监管表态看，这部分智能投顾业务还暂时无法纳入以基金为标的的公募投顾牌照业务范畴。

与美国成熟的市场相比，中国的智能投顾存在以下特点：首先是交易成本高，主要以代销场外基金作为配置方法，其中的损耗非常大，即使剔除部分费用，每次再平衡的时间损耗也是以周计算的；其次是可选产品少，集中投资于 A 股的股票型、混合型基金，基于国债、金融债或者企业债的债券型基金、货币型基金及少量的 QDII、黄金 ETF 等，分散效果十分有限；再次是还未摆脱“卖方投顾”的角色，其盈利模式是向卖方销售金融产品，因此大多沦落为营销工具，而非真正的个人浮动资产管理账户。

三、行业发展前瞻思考

智能投顾被引入中国伊始，市场环境、发展路径已与美国大不相同。近年来，相对正规的金融机构，特别是券商、基金公司等的参与，加速引导着行业生态从作为“机构销售工具”升级为真正的“投资策略”。在这一阶段，各大机构着力增加投研投入，力图以策略有效性决定智能投顾竞争结果，这完全是以做 FOF 投资的思路在做智能投顾。伴随着监管对智能投顾业务的逐渐规范，尤其是证监会自 2019 年第四季度起开展了管理型公募投顾试点，又在 2020 年 4 月颁布了《证券基金投资咨询业务管理办法（征求意见稿）》，中国的公募投顾正在迈入其第三个阶段的转变，即成为个人投资者的浮动收益账户。

事实上，大众投资者的理财账户基本可以分为流动性账户、固定收益账户与浮动收益账户三类。其中，流动性账户中的资产主要指非固定期限存款、类现金余额和高流动性的货币基金产品；固定收益账户中的资产，包括传统金融机构的理财产品，比如，银行理财、保险理财、券商资管、理财型基金，以及私募、信托等面向高净值人群的产品；浮动收益账户属于新生事物，客户相关投资体验尚未建立，这有可能成为公募机构重塑客户行为、增强客户黏性的重要发力点。

当然，只有界定清楚游戏规则，相关的玩家才能入场参与竞争，因此，监管政策对智能投顾行业的发展至关重要。以美国为例，美国金融监管局发布的《数字化投资监管指引》从三个方面为消费者权益提供保护：一是充分的信息披露，要求向客户披露具体的投资顾问服务，以便客户理解投顾的商业行为和利益冲突；二是了解客户需求并提供适当建议，也就是 KYC[1]，其最基础的方式是依靠问卷收集客户信息，所以在问卷设计过程中需要足够清晰，以应对不一致的客户反应等；三是实施有效的算法监控和披露，特别是要求机构对其在“每一个步骤”中使用的算法进行格外关注，因为算法与其对应策略如果设计不合理或编程不正确，可能导致与预期输出偏差超出合理范围，对投资者造成不利的影响。

在中国，人民银行和证监会先后就智能投顾业务提出了指导意见及管理办法。比如，2018 年 4 月人民银行发布《关于规范金融机构资产管理业务的指导意见》中第二十三条首次对智能投顾业务做出明确规定，指出运用人工智能技术开展投资顾问业务应当取得投资顾问资质，非金融机构不得借助智能投资顾问超范围经营或者变相开展资产管理业务。同时，金融机构应根据不同产品投资策略研发对应的人工智能算法或者程序化交易，避免算法同质化加剧投资顺周期性，并针对由此可能引发的市场波动风险制定应对预案。

2019 年第四季度，证监会开展公募投顾试点，首次明确获得试点资格的公募投顾机构可以进行账户管理服务，也就是可以在用户授权前提下，代替用户进行公募基金的申购、赎回和调仓。这是我国资本市场首个针对个人用户的“代客理财”试点。2020 年 4 月，证监会更新版本《证券基金投资咨询业务管理办法（征求意见稿）》，对公募投顾业务界定、业务类别、经营原则、监督管理等方面做出更明确的规定。其中，明确投资咨询业务涵盖证券投资顾问业务、

1 KYC 是 Know Your Customer 的缩写，即对账户持有人的强化审查，是反洗钱用于预防腐败的制度基础，以了解资金来源的合法性。

基金投资顾问业务、发布研报三个大类，将实践中为资管产品、QFII等提供投资建议的服务一并纳入监管；明确参与牌照申请的相关资格，包括净资产要求、股东资质要求等。此外，在投资者保护及信息报送方面非常严格。

由此可见，监管部门致力于对公募投顾业务进行规范，在申请资质上较为严苛，对新牌照、新业务更为谨慎。在针对智能投顾的风险预防上，监管科技等创新方式可以帮助政府部门更进一步了解、监测和预防智能投顾的潜在风险，为新兴商业模式的培育提供土壤。在此方面，欧洲和美国对创新金融科技的监管实践可供参考，例如，美国的负责任创新框架，英国、新加坡和澳大利亚的创新沙龙、金融科技节等。通过促进创新企业负责人与政府和监管机构的交流互动，平衡鼓励金融创新与保护消费者权益的关系，促使市场主体和政府、监管部门形成共建市场治理的良性互动。

展望未来，智能投顾作为行业发展的大势所趋，势必会促成金融科技发展新局。中国智能投顾的模式升级、健康发展离不开构建合理有效的规制框架。与此同时，智能投顾服务机构更应充分抓住市场和政策机遇，发挥自身的功能和优势，进而为广大金融消费者提供更为普惠安全的智能金融服务，实现我国居民投资升级、资产管理和财富管理市场的高质量发展。

第三节　智能风控的前沿实践

智能风控，是指将大数据、人工智能、云计算等技术手段应用到风险控制环节，以提升风险控制效率和精准度。在中国，伴随金融供给侧结构性改革日益深化，特别是资产管理业务领域进一步拓宽，资管机构不仅需要更多元化的产品体系，也需要开放灵活的风控基础设施。同时，全球经济增长放缓和地缘政治热点频发，促使资管业务环境变得更加难以预测。结合金融科技探索智能风控，成为资管机构在低利率环境下提高预期收益、降低非预期损失的重要现实选择。

一、智能风控的发展背景

资管行业风控曾长期主要依靠公司内部资料、公开市场数据、日终流水数据等，结构化数据居多，数据更新频率低；由于数据源维度单一，传统风控多采用专家规则、线性模型，同时辅以人工专家审核，此类方式人力成本高，主观性较强，且伴随机构内部的人员流动，会造成风控质量的较大波动。伴随着信息技术的发展，舆情、司法、股权等高频非结构化数据也逐渐成为风控数据的来源，使更全面、更高频的风险分析成为可能。智能风控在传统模型的基础上，引入更多丰富的子模型算法，同时以半自动化流程辅助人工专家审核，可以极大提高人力效能，提高风控结果的客观性。

在资管行业发展过程中，多资产的组合风险管理、动态的风险敞口测算也逐渐成为新的风控能力需求；云计算、分布式架构、人工智能的发展，很好地满足了这一需求。在更多历史数据和模型的支撑下，机构可以设置不同的风险场景，测算不同资产在相关场景下的走势情况，并基于资产相关性进行组合风险测算。同时，结合实时风控的量化策略、模拟组合测算，也可以帮助机构更精细化地在事前、事中更好把握组合风险。

此外，伴随风险事件增多，也有更多机构开始关注交易后的风险监控。在过去，该部分主要依靠风控人员在人工收集市场信息后的主观判断；随着自然语言识别、知识图谱等技术的发展，海量的信息可以被自动化整理对应上不同的舆情标签、风险等级，风控人员可以据此查看自己所需关注的信息，可视化查看不同关联体之间的风险传导图，并为相应事件设置自动化处置规则，这大大提升了投后风险监控的效率（表 6.3 为智能风控重塑风险管理全流程）。

表 6.3　智能风控重塑风险管理全流程

	传统风控	智能风控
数据采集	财务数据（基础资产） 行业数据（网络搜索） 访谈（企业、专家等） 新闻公告	多维度整合数据 灵活查询、可视化 AI 赋能 自动收集预测性数据
风控模型	Excel 复制、导出、下载 静态模型 定性居多	半自动化动态模型 个性化模型搭建
风险审批	粗放的风险定价 非实时授信（3～5 个工作日）	量化定价模型 实时授信

续表

	传统风控	智能风控
风险管理	人工匹配策略 低频的风险计量	情景分析 策略应用 模拟组合
风险监控	人工监控 人工处置	智能监控 智能推送 自动化处置

二、智能风控的价值贡献

从近年来的行业实践看，基于数据的精细化风控评估、计量与监控模型成为资管机构风控建设的核心，智能化、自动化、移动化是资管行业风险管理数字化转型的主要趋势。具体来说，智能风控可在以下关键环节提升风控效率：

一是数据采集与分析。首先，借助自动化采集技术，机构能收集到企业的海量公开数据；其次，通过自然语言识别、图像识别、语音识别等技术，机构能将以上数据转换为结构化数据；借助图数据库，机构能将海量的数据整合在一起，并对复杂且动态变化的数据关系进行建模，使得挖掘关系背后的信息成为可能；最后，机构还可以根据具体数据、业务逻辑对数据进行预处理，包括处理缺失值、异常值、多重共线性等，为后续特征提取和特征选择打好基础。

二是风控建模。目前大部分机构使用 Logistic 回归[1]类模型或基础决策树来权衡不同因子对违约率影响的权重，以上模型的可解释

1 Logistic 回归又称 Logistic 回归分析，是一种广义的线性回归分析模型，常用于数据挖掘、疾病自动诊断、经济预测等领域。

性、稳定性较好，但较为低频，精细化程度不高。伴随数据来源复杂化、数据量级变化，机构开始在支持向量机（SVM）、多层神经网络、随机森林等模型中寻求创新去提高风控模型的性能。由于我国资本市场发展历史较短，违约样本不足，该部分模型尚不能成为主模型。因此，基于传统投研逻辑，形成主模型框架，在框架中基于数据源单独做子模型，最终集合到一个主模型输出最终结果，成为目前适用性更高的方案。

三是风险测算。基于单资产的风险评估结果，机构可以进行组合维度的动态风险测算。一方面，伴随中台一体化架构的升级，在实时计算引擎、统一指标平台、业务中台等支撑下，机构能够根据不同业务场景灵活地进行各类压力条件配置，进行更精细化的风险测算；另一方面，结合更丰富的数据、知识图谱等技术，机构能够更精细化地挖掘产业链、股权链上的风险相关性，更有前瞻性地进行资产风险预测。同时，结合更丰富的金融工程模型和深度学习等技术，机构能够设置更丰富的风险场景，更有前瞻性地测算组合风险敞口。

四是风险预警。传统风控主要依托财务数据、企业尽调等数据，致使数据维度不足，数据具有滞后性，风控人员往往要花费大量时间预测风险，风控成本也随之升高。智能风控通过整合多来源数据，获得工商、财务、行业、司法、舆情等多个维度的全面信息，可以形成高频自动化预警信号，辅助风控人员高效追踪风险信号。通过图数据库、分布式调度任务、实时计算引擎，机构还可以为产品、管理人、组合等配置个性化的预警监控方案，基于触发结果设置不同的自动化处置方案，实现实时动态的风控闭环。

五是自动化、移动化、智能化运营。结合场景的个性化获客、增值服务需求增加及以客户为中心展开的产品设计，都对风控运营提出了更高的要求。一方面，通过前文所述的核心环节再造，可以实现风控的自动化、智能化，更快速地响应业务变化，带给客户更好的体验。另一方面，风控的移动化、自动化和智能化转型也需要开放的技术架构支持，机构需要基于一体化的数据中台、技术中台、业务中台，通过基础架构与应用的深度结合，实现降本增效。

三、另类数据应用实践

在投资领域，传统的数据信息主要由交易所和证券发行企业披露，比如，证券交易价格、成交量、指数点位、上市公司和债券发行企业的财务报告，以及各类与生产经营相关的事件披露等。国内外的投资机构基于这些信息，建立起不同流派的投资分析体系，动态评价标的证券的投资价值。近年来，资管机构在投资研究和风控过程中更多应用另类数据，人们通常将其特点归纳为“3V”，一是体量大（Volume），指数据产生和存储量巨大；二是速度快（Velocity），指数据采集是实时的；三是种类多（Variety），指数据的来源多样、形式多样、结构多样。

在资管行业中，另类数据的应用具有如下特征：第一，不刻意地追求数据量大，更注重数据与标的资产价格的逻辑连接，比如，判定上市公司产品销售与收入增长的关系、股票盘口挂单量变化与股价短期走势的关系等。第二，不刻意地追求速度快，更看重信息获取的领先性，比如，早于上市公司财报，优先获取或预测上市公司的订单和收入数据。第三，不刻意地追求种类多，更关心对信息的充分挖掘，比如，利用电商大数据预判企业销售情况，或基于网络搜索、新闻、股吧等数据判断企业的市场关注度和正、负面舆情等。

从行业实践看，另类数据十分丰富，按照来源和形式，大致可以分为三类（见表6.4）：

表6.4　资产管理行业主要的另类数据

数据类型	具体应用
个体行为数据	新闻：内容和浏览量 网络搜索：企业关键词、搜索热度 社交平台：股吧/论坛/微博、微信公众号文章 个人购物偏好信息
商业行为数据	线上/线下销售 公司招聘：岗位类型、薪酬水平等 经营事件：招投标结果、专利、诉讼、行政处罚等 政务信息
传感器数据	卫星：遥感图像、地表温度、含水量等 地理位置 航运信息：目的地、所载货物、预计到港时间等 环境/气象：降水、日照、土壤、气温等

一是个体行为数据。比如，新闻（宏观、行业及企业新闻）、网络搜索（企业关键词、搜索热度）、社交平台（论坛的发帖量、评论量，微博话题讨论和微信公众号文章等）、个人购物偏好信息（网购记录、浏览痕迹等），都属于个体行为数据，可以较好地反映企业的市场占有、品牌认知、同业竞争力等情况。

二是商业行为数据。比如，线上销售（电商大数据）、线下销售（POS 机扫描、发票数据等）、公司招聘（岗位类型、数量和薪酬水平等）及经营事件（招投标结果、专利、诉讼、行政处罚等）、政务信息都属于商业行为数据，可以较好地反映企业的收入、治理能力、发展战略、产业链协同等情况。

三是传感器数据。比如，卫星（地表日间图像、夜间光亮、地表温度、含水量等）、地理位置（特定区域内的人口流量）、航运信息（船舶出发地、目的地、所载货物和预计到港时间等）、环境/气象（气温、降水、日照、风力、污染物监测及农产品预测等）都属于传感器数据，可以较好地反映企业生产经营的真实情况、大宗商品供给、环境影响、公共卫生事件及其影响情况等。

此外，借助先进的数据分析工具，近年来资管行业对通常被视为传统数据的金融市场信息也进行了“再发现”。比如，证券的高频价量信息能辅助投资者研发高频交易策略，赚取超额收益，进而开发更优的交易算法，以降低日常交易中的摩擦成本；企业的定期财务报告是投资分析的基础素材，财报中企业经营分析的文字内容所蕴含的价值已受到越来越多的关注，如上市公司的增持、减持、分红等公告对股价具有较长期的影响；公募基金是证券市场的主要机构投资者，其每季度披露的持仓数据中蕴含了大量信息，其持仓个股、行业分布、总体仓位高低及后市展望，对下一阶段的市场走向和资金偏好具有较强的指示意义。

第四节　资管新规下的科技赋能

资管新规是资管行业规范发展过程中的里程碑。根据资管新规要求，不同的金融机构从事资管业务将面临统一的功能监管和行为监管，这为防范金融风险、消除监管套利奠定了重要基础。资管新规发布后，各类机构打造核心能力、寻求差异化竞争的市场格局进一步明确。在此意义上，数字科技作为助力基础数据采集和加工、隐含信息挖掘、约束条件下决策优化的有效工具，将在赋能资管机构数字化转型过程中发挥不可替代的关键作用。

一、资产管理监管新动向

资管新规作为顶层设计搭建了大资管行业未来的运行框架，涵盖资金、金融产品到资产统一分类管理。资金端以私募和公募作为区分点，资产端以标准化资产与非标准化资产作为分割线，同类金融产品将在不同的资管子行业中统一监管，这是行业发展与监管调整的重要里程碑。在以往的监管标准体系下，不同类型的市场主体监管约束与合规成本各不相同，同类业务在不同机构中面临不合理竞争、风险信息披露不完整等状况，不利于综合经营和产融结合的规范发展，也不利于监管机构对系统性风险做出综合研判。在此意义上，资管新规的重要性不容忽视。

从我国金融业混业经营的趋势看，对不同性质的资管产品制定统一的监管标准，目的在于消除监管套利空间，防止风险的跨行业、跨市场、跨区域传递和散播。2020年3月起实施的新《中华人民共和国证券法》将资产管理产品归入其统一监管之下，进一步确立了统一监管、功能监管的监管理念与发展趋势，为后续资管产品管理办法的出台提供了可遵循的基本原则。

监管理念的设计与调整，是根据监管的历史沿革、宏观环境背景、金融发展现状的客观现实而不断演化和发展的。资产管理行业在发展的过程中产生了诸多问题，在银行理财产品方面，极少数从业人员以资管业务的名义开展间接融资业务，以资产管理产品的形式将银行信贷业务打包，规避资本充足率的监管要求，但实质仍是银行的信用创造；在私募基金资管产品方面，极少部分机构通过多层嵌套的形式，绕开合格投资者的限制，向社会公众募集，使社会公众购买与其风险承受能力不匹配的资管产品。资管新规的实施，将对我国资管市场现存的诸多问题有针对性地进行化解，是解决金融混业经营与分业监管之间矛盾的重要举措。监管理念的变化导致监管规则更迭，当前我国的金融监管理念为淡化分业监管、混业监管的概念，重视功能监管、行为监管的概念。按照金融业务的类型进行监管，结合不同的业务场景制定标准的行为准则。

资管新规对资产管理业务的规范主要包括禁止资金池、打破刚兑、期限匹配、风险匹配、控制杠杆、减少嵌套等几个方面。在资管业务“募、投、管、退”四个环节中，资管新规在投资范围、投资比例、投资者适当性要求、产品结构化设计、信息披露、产品和业务风险控制、业务数据报告等方面均提出明确的操作标准。例如，在投资环节，以限制嵌套和实施穿透式监管作为主要监管手段；在资金管理环节，通过禁止资金池，打破刚兑，规范资金流通路径[1]。我们应当看到，以上举措服务于当前监管理念的变化，也遵从于金融业发展、经济发展的需求，将有效引导市场主体的行为，加强监管与金融市场的沟通。

二、资产管理行业新格局

资管新规发布后，资管产品与功能的原则性监管基本统一，但是，不同细分行业间机构的资产和客户基础、组织架构设置、业务环节分工安排等仍有其不同的历史演化路径。因此至今为止，不同持牌机构在所擅长的资产领域、投资能力与范围、资金来源、税收、市场化程度、激励机制等方面尚有一定程度的差异性，我国资管市场仍将呈现各子行业间，以及各子行业内不同机构间继续竞争的局面。

公募基金资管产品具备分红免所得税、买卖价差免增值税、净资本要求少及市场化程度高的优势，行业整体受资管新规影响较小。伴随银行理财等多渠道公募产品入市，公募基金在更加激烈的市场竞争中，应继续夯实原有的经营管理市场化、优秀人才聚集的基础，打造投资优势。

伴随着国民经济增长和居民保障意识增强，我国的保险行业将有可观的成长空间。保险资管的资金来源稳定且久期长，可投资的范围广、种类多，其本身具有善投固收、非标、PE（私募股权投资）的特点，在长期低利率环境下其最主要的挑战仍是捕捉长久期优质资产，同时加强信用风险管理、降低收益波动性。

---

1 沈伟，李术平《迈向统一监管的资管新规逻辑、工具和边界》。

券商资管的优势在于资本市场业务的综合整合能力。其投资范围覆盖一二级市场、多种大类资产，在行业研究、投行融资业务、机构客户市场交易和服务上具备传统优势，可以根据客户风险偏好提供多样化的投资工具组合和投资顾问服务。但在资管新规出台后券商资管存量业务整改压力最大，券商资管需要围绕传统优势，加快主动管理转型，打造差异化的商业模式。

信托公司传统的主流业务结构为“事务管理业务”（通道业务）和“融资业务”。在资管新规出台后，市场环境变化，信托传统业务萎缩，抓住市场需求、寻求业务创新成为信托公司发展的重要着力点。目前，已有信托公司在积极探索绿色信托、普惠信托等新型业务模式。此外，伴随国民财富增长，个性化受托服务，比如，家族信托、慈善信托等将具备强劲的成长空间。

在资管新规出台后，各子行业均处在经济结构转型、金融监管变革、市场格局变化的重要拐点，都将依据统一的规则、朝着相同的目标、以不同的方式转变。对不同机构个体而言，这些转变可能会因为过往经验和优势而游刃有余，也可能会因为历史发展路径依赖性强、内部格局固化而需要凝聚转型发展的新共识。尽管在这一过程中，资管机构可能因为传统业务阶段性的压缩而面临不少困难挑战，但资产管理行业迈向更规范、更成熟、更有效率、更能体现金融服务促进实体经济发展的新方向、新路径更加明晰，这也为科技赋能行业升级提出了更高要求。

三、科技驱动资管行业数字化转型

资管行业是典型的数据密集型行业，信息加工是其业务本质。

资产管理的一个重要作用是对接投融资，但融资方在自身的资产方面具备先天的信息优势，因而投资人势必处于信息的相对劣势。在资产管理业务安排下，投资人通常委托更加专业的管理人对资产进行筛选和分析，将自身的风险收益偏好传递给管理人，以便管理人更好地提供适合自己的产品和服务。在此意义上，资产管理人的核心功能是在资产端对资产的信息进行搜集、处理和分析，并同时在客户端对客户的信息进行搜集、处理和分析，以匹配合适的产品。因而在资产管理过程中，除了其资金在时间和空间维度的配置，也对应着一条从数据到信息，再到知识，最后形成决策的信息流加工过程。

进入万物互联时代，人与人、人与物、物与物之间的相互连通已无处不在。移动通信、5G高带宽、高传输速度网络的发展、超高密度的大容量数据存储装置及各种类型的传感器件，创造了此前无法想象的海量信息。数据来源和形式展现出“全渠道”“全维度”“全媒介”“零延时”的全新态势，构成了资管行业创新发展的新燃料。资管机构过去从有限的电子表格中寻找数据的情况正迅速改变，在向无处不数据、无物不数据的方向飞速发展。

在此背景下，资管机构数字化进程快速推进，各机构信息处理流程在原基础上，显著强化了数据资产的价值贡献。所谓数据资产，是指企业拥有或控制，能给企业及组织带来未来经济利益的数据资源。事实上，传统的金融类信息，例如，行情或财务数据等多为结构化数据。未来，资产管理不仅将继续大量地使用金融结构化数据，还将更多地使用财经新闻、公告、文件、邮件等非结构化文本数据，丰富的、多维度的非文本另类数据更会异军突起，从而极大地拓展资管行业的原始数据空间。

与此同时，计算机算力和人工智能算法突飞猛进。伴随深度学习算法的崛起与广泛应用，AI 在特定信息处理中的优势加速显现，被广泛应用到各种类型的模式识别应用当中。资管行业将成为 AI 革命向传统人类工作发起冲击的前沿领域。尽管资管行业对从业人员要求较高，人们在长期学习工作思考中所形成的知识结构、认知、心智、推理能力、综合判断等仍是 AI 无法全面替代的；但是，从业人员确实耗费大量时间进行信息搜集、整理和分析工作，AI 的局部优势已经开始对行业部分专业人员的劳动产生明显替代作用，这表现在如下方面：

第一，AI 可以对数据进行高效率的加工。机器 AI 能批量化、自动化地在算法指导下进行作业，形成数据资产，并使这些数据资产可被大规模人群可靠、重复地共享。

第二，AI 拥有对高维海量数据所隐含的模式识别能力。不同于人建立在三维视觉和四维想象空间的常规模式识别，AI 可以通过算法识别出一些更深层次的隐含特征、模式和规律。

第三，在有相对明确目标和约束条件的情况下，AI 可以进行决策选择和优化。AI 的学习过程可以基于稳定目标函数和特定算法逻辑，不会有情绪或心理上的波动，也就不会像人一样因为波动带来认知偏差，从而避免自然人的个性化失误[1]。

基于以上优势，AI 作为重要的底层技术，已被广泛应用于研究、投资策略、交易、风险管理、营销、运营等资管业务的各个环节。基于神经网络的深度学习已被经常性地用于资管领域，但资管所涉及的 AI 技术并不止步于深度学习，而是涉及了 AI 领域中多个不同

1 京东数字科技集团发布的《中国资管科技发展报告 2020》。

学派，涉及基于机器和算法的自动学习、模式识别、推理即知识构建等各种技术应用方向。在此意义上，以 AI 为代表的数字科技已经从概念、模型转变为日新月异的技术创新实践，这也将是未来资管行业和资管机构涅槃重生的强大动力。

第七章

保险转型

在第四次科技革命下，数据要素日益成为重要的生产力，以数据为核心的数字技术从底层溢出，发挥着变革生产力和生产关系的作用。随着数字技术在保险业的深入应用，保险科技深度赋能保险服务全流程，具备成本优势、效率优势、规模优势和网络优势，能够全方位助力保险服务价值链的优化创新，给数字经济时代的保险业发展注入了新的活力。数字科技如同高速公路，在数字化保险的新赛道上，保险转型需要贯穿全流程和全链路的各个节点。本章研究的内容主要包括：究竟哪些技术在驱动保险数字化转型？车联网时代的汽车保险该如何做出应对？如何为自己投保一份数字化的健康险？2020 年我国保险业实施新规，互联网保险该如何应对？

第一节　如何解锁保险黑科技

全球保险业正在进入数字化时代，保险公司争先转向数字化赛道，在战略规划、组织架构、产品业务等方面引入数字化创新实践。本节我们将以英国保险业数字化转型为案例，阐释数字科技赋能保险领域的过程。

一、英国保险市场的发展情况

英国拥有长期高度竞争的保险市场，利用保险技术在现有保险业务模式中降本增效，尤其在报价环节发展速度相对较快，效率较高。这一现象至少可以追溯至 1985 年，Direct Line 公司是其中的典型代表。该公司涉足英国汽车市场，利用技术手段在几分钟内接收到风险信息并将价格反馈给消费者，这对当时的保险市场而言是革命性的。此后，该公司于 1999 年推出了第一款在线报价、转化和发行的平台——Direct Line.com，这大大提升了其产品和服务的竞争力，同时也为研究保险科技提供了一个很好的案例。

1. 保险科技使报价环节更加快捷高效

（1）快速引用的过程不断扩散。保险业培养了专业的保险公司、经纪人、代理人及再保险人等，这些专业人士根据获得的准确数据，利用承保工具进行分析，以便更好地理解市场情况。一旦风险信息与市场同步，各种不同的保险报价、估计溢价的过程随即开始。

（2）聚合网站平台推陈出新。随着保险技术的不断发展，不仅客户个体，一些保险公司的报价也引入了聚合网站平台模式。部分网站在其他网站充当报价中心，然后将客户直接介绍给保险公司和总代理商（MGAs），英国的这类网站在个人产品线方面数量较多，截至目前这种方法已被用于很多商业领域。然而，对于更复杂、利润率更高、波动性更大的业务，在技术上显得较为落后。在这个相对新生的领域，选择要少得多，比如，美国的金融业务竞争领域，有 85%～87%的业务并不在线上转化（或发行），这在一定程度上反映了自然进化的要求，即让人们越来越习惯在不与人沟通的情况下，直接购买保险。此外，在线购物和聚合网站大大缩短了报价所需的时间。对于各方来说，这项政策不仅降低了成本，提高了整个市场的透明度，也加快了新产品的推出和分销速度。

2. 保险科技突破转化环节的人为局限性

（1）实现线上交互。一旦报价开始，转化环节就开始了，这一环节会明确双方责任和承诺，包括投保人支付的初始保费、预先商定的保额或赔付条件。在某些情况下，协议也内置于该流程中。在这一环节上，保险覆盖范围已经到位（尽管还没有签发保单）。从以往的经验来看，这种情况需要双方通过面对面或以电话形式亲自沟通，但现阶段保险科技可以使这一过程被纳入在线转化的最后部分，而不需要双方进行当面交互。

（2）加快转化过程。利用保险科技，可以在系统中瞬间实现对风险价格和持有人资料信息的核实，并确保信息的准确性及真实性，充分实现了对人为局限性的突破，使整个流程几乎无缝衔接，大大加快了转化的过程。

3. 保险科技助推签单环节实现即时传送

在转化完成后，接下来就是根据合同协议，双方履行责任，这通常是在支付保费后实现的。传统业务模式的这一过程，需要涉及从头开始起草新合同，需要大量的重复录入，劳动强度非常高。然而，现在保险业务在进行风险选择时，就已经产生了风险筛选、风险定价、报价和转化。借助技术手段，数字合同可以立即从系统中导出，并以电子文件的形式进行发送，由此，签发手工录入合同就已经完全没有必要了。

总而言之，在现有保险服务流程中，保险科技对报价、转化、签发环节进行赋能，实现了实时无缝衔接与端到端交易。利用技术直接访问评分矩阵、进行数据输入的自动化流程，成功实现了消息的自动传递、自动提醒及自动跟踪。与 15 年前相比，在线的格式化和数字化的规则引擎大大降低了这一过程的劳动强度[1]。

二、黑科技赋能英国数字化保险案例

1. Simply Business

Simply Business 成立于 2005 年，是一家英国 MGA（管理总代理）公司，服务对象超过 1000 个不同行业和职业的 59 万家中小型企业客户，2017 年以 4.9 亿美元的价格被旅行者保险公司收购。

全流程运营模式：

---

1 张月《探索保险黑科技 创造服务新价值》。

（1）客户获取：通过市场营销和战略合作提供完备的客户生命周期，采用付费搜索和自然搜索两种渠道来获取客户。

（2）客户体验：采用 A/B 数据测试和数据驱动等模式优化客户体验，满足客户需求。

（3）产品创新：根据市场分析进行产品创新，优化保单价格，实现产品更新换代。

（4）组织架构：类似于亚马逊风格的保险市场，具有高适应性和可扩展性。

（5）数据驱动：数据作为关键核心，贯穿运营活动的始终。

2. InsurTech Bindable

InsurTech Bindable 总部位于波士顿，最初是一家数字保险公司，提供基于企业软件即服务（SaaS）的解决方案，主要借助赞助商渠道进行保险分销。2017 年，该公司开始全线操作平台，并通过其他渠道扩大分销。

全流程运营模式：

（1）选择性分销：借助第三方特约品牌商和代理商平台对个人客户和小微企业进行保险分销，保证更有效地获取客户。

（2）解决方案：合作伙伴通过 API 集成或定制的前端系统访问数字产品套件，代理商通过使用 SaaS 提供的策略进行相关购买和交叉销售，建立快捷、智能的解决方案，提高管理效率，优化现有渠道并测试新渠道。

（3）输出产品：保证承保人、中介等获得足够的个人及商业保险产品。

3. MassUp

MassUp 成立于 2015 年，总部位于德国，是一家提供数字产品和服务的小额保险公司，其通过独立代理人向消费者直接出售针对个人物品的小额保单。该公司通过一个全线、端到端的数字平台为利基产品和敏捷产品提供全套解决方案，帮助合作伙伴抓住有利的市场机会。

解决方案流程：

（1）风险：覆盖全球风险。同时，平台定制化，有利于合作伙伴根据当地的偏好和策略承担不同程度的风险。

（2）产品：由具有高适应性、自主开发的产品引擎提供支持，可实现在几个小时内构建小型保险产品，涵盖产品设计、定价及承保等环节。

（3）插件：利用专有 API 插入销售渠道中，即插即用，实现近乎即时的全球访问。

（4）服务：利用技术将现有的产品套件和服务平台数字化，实现产品购买、保单签发和数据交付等过程的自动化。

（5）销售：分销合作伙伴。

第二节　车联网时代的汽车保险

车险市场是我国财险市场最重要的组成部分，约占整个财险市场份额的 70%。同时，我国车险市场也是全球最大的增量市场之一，市场前景广阔。但是由于市场竞争激烈、产品同质化严重、渠道费用居高不下及赔付费用高昂等原因，多数经营车险业务的保险公司处于亏损状态。我们认为，商车费率改革及车联网技术在汽车保险领域的不断深化应用，或将成为扭转车险长期亏损的重要转机，并为汽车保险的发展带来全新机遇。

一、车联网产业快速发展的内外驱动

车联网技术是物联网在汽车交通领域的典型应用。车联网是以车内网、车际网和车载移动互联网为基础，按照约定的通信协议和数据交互标准，在车与连接物（包括车、路、人、互联网等）之间，进行无线通信和信息交换的大系统网络[1]。

在政策层面，国家先后出台《车联网发展创新行动计划（2015—2020 年）》《车联网（智能网联汽车）直连通信使用 5905-5925MHz 频段管理规定（暂行）》《车联网（智能网联汽车）产业发展行动计

---

1 于怀勇《车联网在汽车运输中的应用》。

划》等利好政策，促进产业持续健康发展，推动形成安全可信的车联网产业生态。

在产业层面，有数据显示，中国、俄罗斯、北美和西欧等国家或地区的新组装车辆 70%以上都配备了感应元件和互联网接口，预计未来五年内大部分新车都将接入互联网。与此同时，智能车载导航、车辆防撞系统、道路标志识别、障碍物检测等越来越多的联网车载设备和传感器开始应用，车联网产业的软硬件基础设施得以迅速普及。

在技术层面，车联网涉及车、人、路及各种智能硬件之间的实时通信，对网络通信的速度和实时响应能力要求极高。而最新一代的网络通信技术 5G 具有低延时性、高可靠性及大宽带等特征，可以保证车联网正常运行的网络需求。5G 的持续推进和快速发展为车联网的发展奠定了技术基础。对此，相关专家也表示，5G 最大的应用是移动状态的物联网，而移动物联网最大的市场可能就是车联网。

在政策、产业、技术等多重动因的驱动下，我国车联网产业进入快速发展期。波士顿咨询集团预测：自 2018 年起，智能网联汽车将迎来持续 20 年的高速发展，2022 年全球车联网市场的复合年增长率将接近 30%。

二、车联网技术的主要应用场景

车联网技术的应用场景广阔。其不仅可以应用于自动驾驶、智能交通、智能城市等领域，降低道路事故率，缓解交通拥挤状况，提高城市智能化水平，还能为汽车金融机构提供相较于传统模式更加精准的数据服务，信贷机构、保险机构或汽车租赁服务商能够根据车联网技术反馈的数据及远程信息建立更加完备、精准的风险评估体系。汽车保险是车联网技术最主要的应用场景之一，其中，UBI（Usage Based Insurance）车险已经发展成为国际保险市场中相对成熟的产品形态。

UBI 即“基于实际使用的保险”，这里的“实际使用”包含三层含义，一是基于车辆的实际使用时间或里程定价保险，变原来的按年收取保费为按天、按小时或者按里程收取保费；二是基于驾驶时的外部环境定价保险，将驾驶地点、路况甚至天气等外部环境风险因素纳入保险定价模型之内，从而更真实地反映实际风险；三是基于驾驶员的驾驶习惯定价保险，利用车联网技术实时收集加速、减速、转弯、刹车等驾驶行为数据，使投保人能够因为良好的驾驶习惯而享受到保费优惠。UBI 车险一方面丰富了车险定价的数据维度，使保险定价更加精准、科学；另一方面，这种定价方式也可以激励投保人绿色出行并养成更加安全的驾驶习惯以享受相应的保费优惠。

UBI 车险最早产生于美国，同时，美国也是目前最大的 UBI 市场之一。目前美国的主流保险公司都在积极推进 UBI 项目，代表公司包括 Progressive、State Farm、Allstate 等。相关预测显示，到 2020 年约 70%的汽车保险服务商将提供车联网 UBI 服务。意大利是全球第二大 UBI 市场，且渗透率超过 15%，成为全球 UBI 车险渗透率最高的国家之一。

三、车联网保险在中国市场发展的机遇与挑战

与国外市场相比，中国车险市场监管相对严格，在商车费率改革政策出台之前，车险公司的自主定价权受到严格限制。UBI 车险在国内虽然也有尝试，但一直未获监管审批。随着 UBI 车险在国际

市场上的不断应用和我国车联网技术的不断成熟，监管层逐渐出台相关政策，促进车辆联网等数字科技在车险领域应用，车联网保险和 UBI 在中国将迎来全新发展机遇[1]。

2018 年 9 月，中国保险行业协会（简称中保协）创新产品评委会通过了 4 家财险公司 UBI 创新产品的申报。2019 年 3 月，中保协又发布了《机动车保险车联网数据采集规范》《汽车后市场用配件合车规范　第 3 部分：车身覆盖件》等 4 项标准，聚焦扩大车联网在车险领域的应用，推动保险科技迅速发展落地[2]。其中《机动车保险车联网数据采集规范》首次对应用于机动车保险领域的车联网数据采集、交换、共享、分析等活动涉及的主要术语和车联网数据采集的定义、范围、类型等内容进行了规范，为车联网技术在保险领域的深入应用奠定了标准和制度基础。

车联网技术应用和 UBI 车险已经成为全球车险创新和发展的新趋势。中国虽然受限于严监管，在该领域的发展相对落后，但随着商车费率改革进程的不断加快和相关政策、标准的不断出台，中国汽车保险市场将在车联网保险市场奋起直追。

1 唐艳红《保险科技：车联网技术推动汽车保险迎全新机遇》。

2 蓝鲸保险发布的《中保协发布四项车险相关标准，填补汽车后市场自主标准空白》。

第三节　数字医疗与数字健康保险的崛起

在全球金融科技浪潮中，保险的数字化转型起步并不算早，尤其是在相对保守的医疗健康领域。但在诸如支付、借贷等其他细分市场发展相对成熟并陆续暴露出一些问题之后，数字医疗与数字健康保险大有后来居上的态势。普华永道第 23 期全球 CEO 调研结果显示，保险业对数字化转型的态度，正从最初的焦虑开始趋向乐观。

过去五年美国成年人对远程医疗、可穿戴设备和健康应用程序等数字健康工具的使用率持续攀升。目前美国从事数字医疗的私营公司达 3000 多家，市场规模 1000 亿～2000 亿美元，其中 200 多家为 AI 公司，平均每周都会有 2～3 家数字医疗公司诞生。医疗产业数字化发展如火如荼，与之对应的健康保险数字化亦步亦趋。一些颇具创新特色的数字健康保险公司相继涌现，其中 Clover Health、Oscar Health、Collective Health 三家数字医疗公司在毕马威与 H2 Ventures 发布的 2019 年全球金融科技公司 100 强榜单中分别位列第 19 位、第 20 位、第 48 位，研究探讨它们的业务模式和成败之处可以帮助我们一窥美国的数字健康保险市场。

一、全球数字医疗产业发展态势

2020 年全球医疗健康融资总额创历史新高，同比增长 41%；2020 年中国医疗健康融资总额创历史新高，同比增长 58%。据 QY Research 的一份报告，到 2025 年，数字健康市场融资总额将翻两番，达到近 4000 亿美元。2020 年，中国互联网医疗用户量已达到 6.2 亿人，接近移动互联网用户的七成。政府在过去几年里陆续出台了 30 多项政策支持互联网医疗的发展，最新的有网上问诊后医保报销处方药。数字化带给医疗领域比较多的投资机会，其中，眼科数字化、齿科 3D 打印、远程影像诊断都是数字化很好地服务医疗行业的案例。

二、数字健康保险公司探微

1. Clover Health

Clover Health 于 2014 年成立于美国旧金山，是一家定位于技术型的健康保险公司，主要为 65 岁以上的低收入老年人提供医保优势（Medicare Advantage，MA）计划。相关报道显示，该公司在佐治亚州、新泽西州、亚利桑那州、宾夕法尼亚州、南卡罗来纳州、田纳西州和得克萨斯州拥有大约 4 万名会员。成立至今，该公司已经获得了包括红杉资本、Greenoaks Captical、Nexus Venture Partners、First Round Capital 等大型投资机构的六轮投资（见表 7.1）。

表 7.1　Clover Health 融资情况

融资时间	融资轮次	融资金额	投资方
2014 年 7 月	VC 投资	—	Brainchild Holdings、Grape Arbor VC
2015 年 9 月	A 轮	1 亿美元	First Round Capital、Athyrium Capital Management
2015 年 12 月	B 轮	3400 万美元	红杉资本、First Round Capital 等
2016 年 5 月	C 轮	1.6 亿美元	Greenoaks Capital、红杉资本、First Round Capital
2017 年 5 月	D 轮	1.3 亿美元	Greenoaks Capital、谷歌旗下风投 GV、Nexus Venture Partners 等
2019 年 1 月	E 轮	5 亿美元	Greenoaks Capital

商业模式：Clover Health 商业模式的创新之处在于，它可以通过大数据分析技术帮助会员管理慢性病，提高会员的健康水平，进而降低医疗支出。具体而言，Clover Health 将会员过往的理赔数据、电子病历、药物处方、病理检验数据、影像数据等作为输入数据，建立数据模型，通过机器学习的方法预测会员的发病概率并提前进行人工干预，比如，给风险高的会员打电话，督促其进行复诊或必要的体检等，以达到帮助会员进行健康管理，提高会员健康水平，降低医疗费用的目的。

成败经验：Clover Health 打通了保险公司和医疗机构的数据接口，运用多维度的会员数据建立了数据模型，帮助其会员管理慢性病。这种商业模式代表了健康险最新的发展方向。成立之初，Clover Health 经历了快速增长，2013 年至 2017 年，其会员人数从几千人增长至 2.5 万人，相关实验数据也验证了其基于数据分析技术的健康管理模式的有效性。在资本的助推下，Clover Health 快速成长为数字健康保险领域的独角兽公司。

但随着规模的不断扩大，一些问题也相继暴露。一是作为一家小型保险公司，Clover Health 在和大型医院谈判时明显缺乏议价能力。2016 年，新泽西州东南部最大的医疗机构之一 Atlanti Care 因为价格问题表示不再接受 Clover Health 的保险会员，这影响了其会员增速。二是虽然 Clover Health 声称可以通过数据分析出会员的风险系数，并根据风险高低进行干预，但其财务数据似乎并不支持这一说法。2016 年 Clover Health 在 Medicare Advantage 业务上的理赔率是 109%，亏损接近 3500 万美元，2017 年亏损收窄至 2200 万美元，但 2018 年亏损再次大规模扩大至 4090 万美元。

2. Oscar Health

Oscar Health 于 2013 年成立于美国纽约，致力于运用互联网和远程医疗技术打破传统的保险方式，让健康保险变得更加简单、直观和人性化。在用户定位上，其与 Clover Health 专门服务于老年人不同，Oscar Health 面向不同的未投保人群，且会根据其婚姻状况、子女数量、年收入状况等将人群细分，提供对应的医保计划。由于 Oscar Health 主要在线上提供服务，因此在年轻用户群体中更受欢迎。

截至 2016 年年底，Oscar Health 在纽约、新泽西州、加利福尼亚州和得克萨斯州共服务了 14.5 万个个人客户。2017 年公司开始进军小型团险业务，并同美国大型健康险公司 Humana 合作，在田纳西州首府地区向 50 人以下的小企业提供团险服务。2018 年 3 月，Oscar Health 迎来第五轮融资 1.65 亿美元，估值 32 亿美元（见表 7.2）。

表 7.2　Oscar Health 融资情况和财务表现

年份	融资金额	估值	保费规模	盈亏情况
2013 年	4000 万美元	—	—	—
2014 年	1.1 亿美元	8 亿美元	—	—
2015 年	1.95 亿美元	16.5 亿美元	1.27 亿美元	-1.05 亿美元
2016 年	4 亿美元	22.5 亿美元	4.26 亿美元	-2.05 亿美元
2017 年	—	—	2.29 亿美元	-1.27 亿美元
2018 年	1.65 亿美元	32 亿美元	—	—

商业模式：在个险领域，Oscar Health 不仅通过互联网销售保险，还在线上提供一系列增值健康管理服务。Oscar Health 的创新之处主要包括以下四个方面：一是线上快速核保，用户仅需在线上提供简单的个人信息就可以获得保险报价；二是其设计了一些激励手段引导用户采用更健康的生活方式，例如，在规定时间内完成锻炼计划的用户将获得最高每年 100 美元的奖励；三是提供健康管理服务，用户可以通过线上享受 24 小时电话医生、远程就诊、线上比价等增值服务，Oscar Health 选择和一流的医疗系统合作，美国医疗系统排名的前 20 强都是其合作伙伴；四是自建服务机构或与其他医疗机构合作，为用户提供服务，2016 年 12 月，Oscar Health 位于纽约布鲁克林的第一家线下医院开业，该线下医院仅对 Oscar Health 的会员开放，提供急性病外的慢性病管理和预防保健、疫苗注射及医生咨询，同时也为会员提供免费的课程，如针对女性的瑜伽课程。

在团险领域，Oscar Health 提供给企业员工的保险产品与普通个人保险产品略有不同，一是服务时间并不是一周 24 小时，二是专业护理团队仅提供在线服务。但 Oscar Health 宣称能够为企业的每一位员工节约 600～900 美元，且为了解决病人需要从全科医生转向专科医生的问题，企业员工可以直接向特定的专科医生咨询。相关资料显示，Oscar Health 的企业用户已经超过 2000 家，包括建筑公司、法律公司和饭店等。

成败经验：Oscar Health 不仅运用互联网、人工智能等数字技术改变了保险的运营模式，同时打通了保险和医疗系统的边界，主动将自身纳入用户健康管理和医疗服务领域，迅速崛起。但其依然面临一些问题，如用户增速放缓，个险业务中的逆向选择严重，运营成本和赔付率居高不下等。对此，其已采取了一系列应对措施并初见成效。

3. Collective Health

Collective Health 成立于 2013 年，总部位于加利福尼亚州，通过集成技术简化雇主及其员工的医疗保健流程，为客户提供个性化的健康保险。2019 年 6 月 17 日，Collective Health 宣布完成最新一轮 2.05 亿美元的融资，由 SoftBank Vision Fund（软银愿景基金）领投。此前，Collective Health 分别于 2015 年 3 月、2015 年 10 月、2018 年 2 月获得 0.38 亿美元、0.81 亿美元、1.1 亿美元的融资，成立至今共获得融资 4.34 亿美元。

商业模式：与 Clover Health 和 Oscar Health 主要聚焦个险领域不同，Collective Health 是一家 To B 企业，致力于协助大型企业为员工提供医疗保险和相关福利，并提供信息访问、索赔归档、资格审查及供应商之间的数据共享等相关服务。Collective Health 同 Anthem、Blue Shield 等保险公司合作，让雇主为员工提供价格更亲民、线上交互的“点菜式”医疗保险福利，可以实现全程无纸化。Collective Health 会先咨询企业雇主，为其私人定制简单易用的劳动力健康管理系统（WHMS），让员工选择自己需要的保险服务。

2018 年，Collective Health 启动合作伙伴计划，汇集了 60 多个不同的数字健康供应商，共同优化其劳动力健康管理系统，增加了远程医疗、行为健康、专家决策及与孕妇相关的多个创新护理选项。

此外，Collective Health 还将人工智能技术引入企业健康险的服务过程中，其开发的机器学习引擎 CH Cortex 可用于满足个人会员从慢性病管理到放射科服务等护理需求，目前这项技术正在申请专利。

成败经验：Collective Health 正在改善雇主和其员工的关系，通过使用这套劳动力健康管理系统，某些合作伙伴的员工敬业度增加了 2～4 倍。Collective Health 的客户包括红牛、Pinterest、Zendesk 等，其正在努力扩大自己的业务范围，并确保自己能服务于全美国的客户及员工。

三、数字健康保险对我国的启示和其发展

美国三家数字健康保险公司创新的商业模式给予我国保险企业的数字化转型很好的启示，同时其在创新过程中遇到的问题也警示我们，健康保险的数字化转型不会在一夜之间完全实现，但改变正在悄悄发生。中国社科院等智库机构发布的《中国数字健康发展报告（2020）》提出，中国拥有全球数字健康最大的应用场景，数字健康将成为产业互联网时代最广阔的赛道，拥有数万亿级的市场空间[1]。

中国社会人口老龄化问题日益凸显，运用数字化、信息化的医疗和保险手段提升医疗卫生系统的运营效率，缓解医疗供给不足的压力，改善患者的就医环境和就医体验显得尤其紧迫。同时，国内

1 中国社科院发布的《中国数字健康发展报告》。

政策也予以大力支持，国家发展改革委办公厅、民政部办公厅、国家卫生健康委办公厅联合发布《关于建立积极应对人口老龄化重点联系城市机制的通知》，强调重点发展“互联网+养老服务”“互联网+老年健康服务”，支持大型互联网企业参与养老服务和老年健康服务，支持优质养老机构互联网平台化发展。“互联网+养老”有望成为国家重点发展方向。“互联网+养老”产业或将成为互联网医疗健康产业的重要分支[1]。2019 年 11 月，银保监会新发布的《健康保险管理办法》明确鼓励保险公司运用大数据等新技术提升风险管理水平，借助互联网等信息技术简化理赔流程，提升服务效率。同时鼓励保险公司将健康产品与健康管理服务相结合，以实现降低健康风险、减少疾病损失的目标。

健康险数字化的几项技术如下：机器人流程自动化（Robotic Process Automation，RPA）是一种软件自动化技术应用，可模仿人类行为，通过现有用户界面自动执行常规任务（如数据提取与清理）。基于 RPA 技术可创建机器人，即自动执行高重复性任务的算法。由于机器人采用现有用户界面，因此 RPA 不需要改变核心 IT 系统。

智能工作流（Smart Workow）是一种流程管理软件工具，将人和机器团队执行的工作加以集成，再自动化整合到常规工作流中。

机器学习和高级分析软件采用算法来识别结构化和非结构化数据中的模式，当算法输出达到一定的置信水平（通常为 95%）时，可替代员工的判断和决策。

自然语言处理（Natural Language Processing，NLP）在机器技术与人类之间建立起无缝交互、能模仿人类语言的规则，将观察结果

1 欧阳晓红《“疫情+老龄化”催化下：数字健康“赛道”上的虚与实》。

从机器数据转化为自然语句，反之亦然。

虚拟认知主体/智能体（Cognitive Agent）结合机器学习与自然语言处理技术，能执行任务，展开沟通，并通过数据集进行自我学习。智能体还能基于逻辑推理、经验学习及对客户行为和情绪的监测和预判进行决策[1]。

医疗保险公司将可能采用更先进的远程医疗模型，最大限度地提高便利性。在复发性疾病和持续性疾病管理领域，更广泛的远程医疗模型的使用可能会成为一种规范。在设计远程医疗策略时，成本控制将变得越来越重要。显然，远程医疗可以提高医疗服务提供者的能力和效率，并改变对患者的护理方式，但是，就目前的报销标准而言，保险公司是否有责任分担这些潜在的成本节省，尚不十分清楚。渐进式医疗保险公司将采用与医疗服务提供商共同精打细算的基于价值的承包原则和基于结果的报销策略，但其将依靠远程医疗服务提供商来管理更大比例的整体医疗服务。最终，如果具有成本控制的潜力，保险公司将开始更加积极地在其利益设计中鼓励使用远程医疗。

健康险经营更是涉及“医、药、保、健”多个环节，关乎医疗服务、数据、健康管理等诸多复杂内容，而且数字健康在例证和实践方面仍存在空白。

数字健康保险的发展需要外部力量的推动，科技和流量产生良性真实互动，带动用户近期健康和保费投入的互联网文化氛围，以获得远期好的健康和经济结果，才是科技真正向善之时，也是健康产业和健康险增长爆发之时。

---

1 麦肯锡发布的《大规模数字化转型：健康险公司蓄势待发》。

第四节　新规之下，互联网保险如何应对

2020年12月14日，银保监会发布《互联网保险业务监管办法》，尤其强调机构持牌、人员持证等原则。互联网保险行业规范发展是大势所趋，一方面传统渠道和人员的展业效能有待提升，另一方面互联网场景下保险产品自身的创新需求也更加急迫。从长期看，保险公司需要基于各自的资源禀赋做好差异化定位，充分利用线上场景和大数据资源塑造竞争优势。

一、我国互联网保险的发展现状

互联网保险是利用互联网的渠道效应、场景效应对传统保险业进行线上化、数字化和场景化的改造。自互联网技术之后，5G、人工智能、大数据、区块链等新技术对保险业进行了新一轮的改造，简称保险科技。保险科技是运用数字科技技术从前端和后端的业务、产品、经营理念、产品服务和流程上赋能保险业，利用技术助力精准定价、风险控制、大数据精算、智能核保和理赔等，由内而外促进保险业异质化运行，降本增效，提升市场竞争能力。

2012—2015年，互联网保险业保费规模快速增长；2016—2018年，互联网保险迎来严监管，互联网人身险保费下滑导致互联网保险整体渗透率下降。2018年之后，在百万医疗等短期健康险的刺激

下，互联网保费的增长速度进一步加快。2020 年上半年，中国互联网保险保费规模达 1766 亿元，同比增长 9%，其中人身险保费收入为 1394.4 亿元，占比接近八成，渗透率为 6.6%；财产险保费收入为 371.12 亿元，渗透率为 5.1%[1]（见图 7.1）。

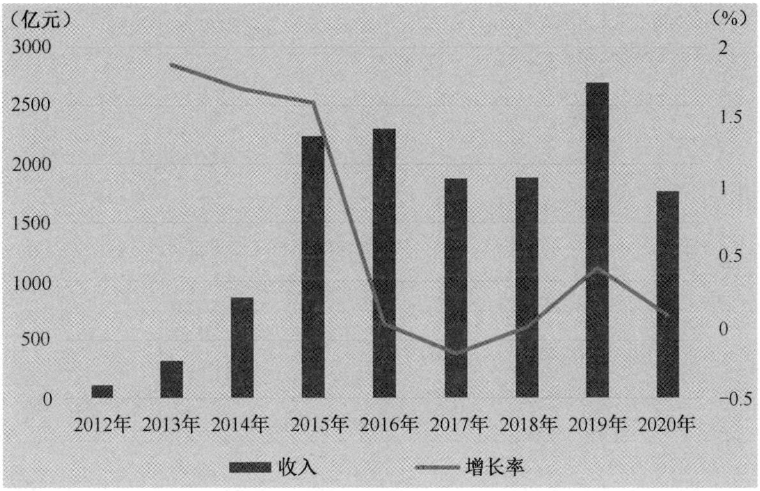

图 7.1　2012—2020 年我国互联网保险业收入规模（亿元）

按照互联网保险的运营渠道和组成结构，我国互联网保险模式主要表现为传统保险的信息化、线上化，以及互联网保险中介、第三方电商平台、网络代理和纯互联网保险公司，不同模式的特点和表现形式见表 7.3。

1 前瞻产业研究院发布的《2020 年中国互联网保险行业市场现状和发展趋势分析》。

表 7.3　我国互联网保险经营形式

互联网保险模式	表现形式	特点	代表性公司
传统保险的信息化、线上化	保险公司业务线上化、渠道化保险销售	忠实客户数量庞大、品牌认可度高、访问流量大。产品高度标准化，在线下赔付和评估	中国人寿保险、中国太平洋保险、中国平安保险
互联网保险中介	有保险经纪牌照的互联网销售平台	保险场景拓展范围更广、获客更精准。平台可引入更多保险公司的产品，产品丰富、险种齐全，具有覆盖不同年龄段和场景的险种	中民保险、悟空保
第三方电商平台	保险公司和电商平台合作，在平台上销售	保险公司的产品服务和电商平台的技术、流量相融合，快速获客	蚂蚁保险、苏宁保险、微保
网络代理	航空、酒店、旅行等网络平台兼业代理销售	银行、航空、旅游等非保险公司通过官网代理保险产品，具有门槛低、简单便捷和场景嵌入的特点	中国铁路 12306、中国国际航空、民途出行、携程旅行网、艺龙旅行网
纯互联网保险公司	有互联网保险公司牌照	产品咨询、销售、投保、理赔等所有业务都在线上完成，不设线下实体门店，准入门槛高	众安在线、泰康在线、安心保险

新技术对保险公司的赋能：保险公司利用大数据加强风险预测，可以开发基于不同场景的创新型险种，实现产品的个性化定制，如互联网场景下的航班延误险、酒店退订险、退货运费险、宠物责任险，以及一些机构推出的基于运动步数的健康险产品。此外，保险

公司通过利用大数据技术分析全量数据，可以更加准确地进行产品定价，开发出更符合消费者需要的保险产品和确定合适的保险费率。保险公司可运用大数据开发保险产品自动化报价系统，为企业客户定制个性化、多样化的保险产品，以及提供智能定价，真正实现“千企千价”。

二、互联网保险领域的政策演变

继中国保险监督管理委员会2015年下发《互联网保险业务监管暂行办法》之后，2019年中国银行保险监督管理委员会下发了《互联网保险业务监管办法（征求意见稿）》（简称“新规”），2020年9月其正式出台《互联网保险业务监管办法》（下文简称《办法》）。《办法》的主要内容为：一是厘清互联网保险业务本质；二是强化互联网保险业务的持牌经营要求，定义持牌机构为自营网络平台；三是规范互联网保险业务和产品的推介宣传行为；四是全流程规范互联网保险售后服务，改善消费体验；五是按经营主体分类监管，针对互联网保险公司、保险公司、保险中介机构、互联网企业代理保险业务，分别设定了“特别业务规则”[1]。

此外，《办法》对于消费者保护和行为监管做出了进一步的安排，进一步强化机构持牌经营和从业人员持证营销，压实保险机构主体责任，有利于提升保险业服务实体经济和社会民生的水平。《办法》通过对保险机构及其从业人员的具体行为进行了严格规范，强化了对销售、服务和运营的管理，这对于消费者权益的保护具有非常重要的作用。综合而言，无论从市场、机构、行为还是消费者保护层

1 王正华的《互联网保险业务监管办法》要点解读。

面，《办法》对于保险公司的数字化提出了新的要求。未来，保险业的转型将加快保险公司网销渠道的发展，使其成为保险业数字化转型的实验田和领头羊，渠道数字化变革和行业平台型商业（OMO）模式势不可挡。

三、互联网保险的应对路径

1. 加强精准营销

保险公司利用大数据构建立体化的客户画像，通过对客户身份、生理自然信息、社会关系信息、特征偏好信息等海量行为数据进行建模分析，设计适合各群体差异化的保险产品，推出个性化推荐、精准营销和精准服务。基于数据分析，我们可以有效挖潜客户的交叉销售需求，如针对车险用户进行健康险、个贷险等非车险的交叉销售。同时，我们可以利用大数据实现对保险代理人的营销赋能，特别是基于代理人个人信息、销售数据等海量数据获取，进行赋能营销、培训、招聘等全流程管理，以提高代理人渠道的展业能力、人员效能、团队稳定性等。

2. 做好客户服务管理

保险公司基于大数据展开分群经营，可以高效触达不同特征和需求的客户。比如，通过手机 App 等构建新型客户体系，增加客户的使用时长，可以使保险公司有充足的数据支持，展开对客户的知识图谱构建、健康状况管理分析等，从短期的售前咨询向长期的客户管理转变，形成更加健康、可持续的发展模式。例如，某机构推出 VIP 管家体系，包含直升机救援、高铁贵宾厅权益、重疾绿色通道等 30 多项增值服务，有效加强了客户互动，增强了客户黏性，可使线上客户的活跃度提升 30%以上[1]。

3. 开展智能风控

保险业大数据风控的应用主要体现在保险运行各个流程中的风险排查、风险管控、风险识别和反欺诈等操作上。在投保环节，我们可以利用大数据千人千面的方式进行用户筛查，选取较高风险的用户，划定高风险名单。在承保运营环节，可对用户的消费、交通、健康变化等行为信息进行追踪，更新风险阈值。在理赔环节，可以先筛查出疑似欺诈的高风险案件，再人工介入进行重点审核，提高查勘效率。互联网场景下的健康险、意外险产品容易出现投保人逆向选择及欺诈风险，大数据风控模型可以减少欺诈行为的发生。在车险领域，通过增加车、人、驾驶行为、位置轨迹等定价因子，可以实现更加精准的风险定价，并在理赔端结合维修、保养等行业数据进行反作弊分析。

牌照监管成为未来的主流监管趋势，也构成金融监管的原则和底线。对于非持牌互联网平台，要么获得牌照，要么就将保险产品全部下架。那种利用互联网平台充当展业顾问从而收取手续费、提成的做法将从互联网上消失。因为法规禁止一切保险产品在线上展业，包括保险产品咨询、比价、投保等咨询、销售行为，有这些行为的互联网平台要么违法违规被罚，要么彻底转型，完完全全退出保险产品线。

1 道口保险观察发布的《保险科技技术发展趋势系列报告（二）——大数据》。

第八章

支付转型

伴随经济社会的数字化程度不断提升，金融领域也迫切需要进一步拥抱数字化。从支付领域来看，无论线上场景还是线下场景都将走向数字化，支付手段、模式、中介的变革将使全球支付生态发生翻天覆地的变化。我们需要关注的是，锚定单一美元资产的稳定币、各国央行主权货币，以及一些国家支持的多种数字货币等形成的新数字货币生态将重塑支付行业。主权国家法定数字货币和稳定币一旦被广泛地用作支付手段，将会冲击传统支付结算体系（如信用卡网络、支付处理商、清算网络等），影响世界金融的现有格局，进而对现有经济、社会和生活产生不可逆转的影响。

第一节　聚合视角下，国内支付大变局

自从支付进入电子化阶段，聚合便已经成为必然，且伴随支付行业参与主体不断丰富，支付方式不断多元，聚合的意义和作用也显得更为重要。本节旨在从“聚合”这一视角出发，对支付的演进路径和未来方向略加探讨。未来，随着数字化的推进，智能硬件等有望成为线下场景聚合支付的主要载体，掌握新一代支付技术手段的头部参与者将占领先机。同时，在支付之外，帮助商户实现线上化和数字化转型是参与者下一站的发力方向和盈利点。

一、聚合视角下中国支付体系的演进

关于支付体系的演进历程，有不同的划分标准。例如，从参与主体角度而言，可以将其划分为一方（现金支付）时期、二方（银行卡支付）时期、三方（银联、网联及持牌非银支付机构）时期和四方（狭义的聚合支付，也即监管定义的收单外包）时期。从支付方式而言，可以划分为实物支付（物物交换和金银）、信用支付（纸币和票据支付）、电子支付（银行卡支付和数字支付）三个发展阶段。

而支付的聚合需求应该产生于二方支付或电子支付时期，因为此时支付的参与者从官方转向民间，在市场参与主体不断增多且标准不一的情况下，聚合成为必然。当然，线下场景相较于线上场景而言，聚合的需求更大。因为线上聚合可以通过网关等技术手段实现，而线下的聚合则不仅需要技术，更加依赖技术思维和产品思维的结合，以及大量人力的拓展[1]。

1. 聚合 1.0：银联聚合"银行卡收单"

1985年出现的国内第一张银行卡开启了中国使用银行卡消费的序幕。在当时的时代背景下，各家银行的 POS 机，只支持自家的银行卡，"推广银行 POS 机的商户越多，银行卡越好用，持卡人也就越多"是基本的商业逻辑。此后，各个银行一边向消费者发放银行卡，一边在商户端营销 POS 机，随着发卡和刷卡消费不断普及，"一柜多机"的现象普遍存在。

2002 年，经国务院批准，中国银联成立，其随后发布了中国银联卡标准，实现了银联 POS 机和银联卡互认，银联 ATM 和银联卡互认。中国银联通过整合银行支付渠道完成了银行卡线下收单支付业务的聚合。

显然，当时"聚合支付"这个概念并不存在，但本次聚合在中国支付史上的历史意义不言而喻。在这次政策推动的变革中，银联作为聚合方，一方面在商户端营造了便利的收单服务，另一方面作为垄断者统领了中国银行卡收单的黄金 10 年。2012 年年度审计报告显示，银联总资产达到 253.5 亿元，10 年暴涨 37 倍。与此同时，其控股的银联商务也顺势成为除了银行市场份额占比最大的收单机构。

2011 年，包括拉卡拉、银联商务、支付宝在内的 27 家第三方

1 唐艳红《数字科技将改变支付方式和支付形态》。

支付企业获得央行颁发的首批非银支付（第三方支付）牌照。此后，以拉卡拉为代表的第三方支付机构开始进军线下银行卡收单业务，而支付宝则借助中国电商的繁荣成为线上收单领域的巨头。此后，双方又再次在线下场景碰面。

2. 聚合 2.0："聚合码牌"聚合"扫码收单"

2014 年以后，伴随着线下扫码支付的发展，十几年前的"一柜多机"变身为"一柜多码"，困扰商家和消费者的难题再次出现，提供支付方式一体化整合服务的机构也再次迎来发展机遇。不同的是，上一次是"三方聚合二方（银行）"，而此次是"四方聚合三方"。

狭义的聚合支付即所谓的"第四方支付"，属于不持牌的收单外包机构，但其在我国移动支付发展史上的作用却不容忽视。其一方面弥补了支付宝、腾讯、京东等互联网巨头线下拓展能力的不足，帮助了三方支付机构快速拓客，助推了我国移动支付快速普及；另一方面它将碎片化的支付场景和不同的二维码支付方式进行了有效整合（即"聚合码牌"），在便利商户经营的同时极大提升了消费者的支付体验。

2018 年，随着"收单方—银联/网联—支付宝/财付通—银联/网联—发卡行"的清算链路被监管确认，支付机构之间通过银联或网联转接的模式合规性得到了认可。三方支付机构、银行也加入了聚合支付业务的竞赛。此时的聚合支付不仅包括四方聚合，还包括三方聚合、甚至二方聚合，赛道变得异常拥挤。

在移动支付时代，银行卡收单虽然与二维码收单并行，但市场份额却逐渐被后者蚕食。如拉卡拉这类第三方支付机构的 POS 机银行卡收单业务亦遭遇困境。所幸，拉卡拉顺应时势，拥抱变化，积极同支付宝和财付通合作，提出"不管付钱用什么，收钱都用拉卡拉”的口号，借着聚合支付的东风顺势而起。

3. 聚合 3.0：智能硬件升级多维聚合支付

“聚合码牌”只是移动支付聚合的雏形，随着行业的不断发展和技术手段的不断革新，更多的聚合支付产品是智能 POS 机、扫码枪、扫码盒子及智能收银台等软硬件结合的一体化收银设备。2020 年 6 月 8 日，央行发布的《中国人民银行关于加强支付受理终端及相关业务管理的通知（征求意见稿）》明确表示：鼓励收单机构为特约商户提供支持银行卡、条码支付等多种支付方式的支付受理终端。

目前，刷脸支付的走向已经日渐明朗，2019 年被大多数人誉为刷脸支付元年，相比于其他支付方式，刷脸支付的商户属性体现得更为明显。艾媒咨询发布的《2019 年中国刷脸支付技术应用社会价值专题研究报告》显示，2019 年刷脸支付用户将达到 1.18 亿人，到 2022 年将突破 7.6 亿人，届时刷脸支付将取代扫码支付成为主要支付方式。

未来，伴随支付巨头、银行、银联等在资本和技术层面颇具实力的竞争者入局聚合支付赛道，聚合银行卡收单、条码收单，以及刷脸收单等多种支付方式的一体化智能硬件将逐渐取代原来碎片化且零乱的支付方式，从头部商户切入并不断向下沉市场延展普及。

二、聚合支付的内核与趋势

1. 智能硬件是未来线下场景支付聚合的主要载体

伴随着支付技术不断进步，支付方式更加多元，智能硬件将成为聚合支付的主要载体。一是智能硬件能够承载银行卡收单、条码收单、刷脸收单甚至未来数字货币等更为多样化的收单方式；二是未来智能硬件对于商户而言，将不仅是一种收单工具，还将承担帮助商户实现数字化转型的职能，一如智能手机对于C端用户而言不仅仅是一个通信工具。

2.“争当入口”是参与方争相聚合的主要目的之一

虽然从不同角度，对于聚合支付有不同的价值判断，如可以便利商户的收单方式，提升用户的支付体验，甚至推动支付行业的数字化和智能化；但从聚合支付的参与方角度而言，“争当入口，不做通道”是参与方入局聚合支付的主要目的之一。

线下支付市场及其背后蕴含的商业价值足够大，吸引了众多的参与者不断入局，二方被三方聚合，三方被四方聚合，但原本直连商户的参与者又不甘做通道，最终导致四方、三方、二方等众多的竞争者挤入“聚合支付”这一赛道。行业竞争加剧，参与者尤其是中小型参与者艰难求生。

3. 产业互联网是支付下一站的关键方向和盈利点

除了支付，帮助商户实现线上化和数字化转型是参与者下一站的发力方向和盈利点：一是通过收单、账务数字化，提升支付效率，升级账务管理体系；二是用户引流数字化，打通线上线下场景限制，实现导购服务闭环；三是全运营数字化，结合智能软、硬件，实现门店用户生态运营。

4.“商户侧”与“账户侧”相辅相成

在消费互联网之后，当前进入产业互联网发展的黄金时期，具体到支付领域，主要战场则由“账户侧”向“商户侧”迁移，这一点已经在行业内形成共识。但同时我们必须明确，正如消费互联网是带动产业互联网发展的连接点一样，支付领域在“商户侧”和“账户侧”的争夺也并不矛盾，而是相辅相成的带动关系，这一点在直连用户的 C2B 类商户中体现得尤为明显。

第二节　跨境支付普惠化，为何大有可为

从目前看，大多数企业支付仍较依赖基于 SWIFT[1]系统的银行汇款方式，而个人支付已趋多元。与境内“双寡头”格局相比，跨境支付市场的集中度偏低，为其他后起玩家提供了想象空间。Libra（2020 年 12 月 1 日晚，Facebook 官网宣布 Libra 已更名为 Diem）正在跨境支付领域高举“普惠”大旗，试图扩展服务对象，促进降本增效。从其覆盖用户规模及由此带来的网络效应看，Libra 具有一定的发展潜力，而突出的制约因素将主要来自监管。全面认知 Libra 的影响，对我国建立健全数字货币体系具有重要意义。

一、跨境支付市场的来源和发展

跨境支付，顾名思义就是资金的付款方和收款方分属不同国家。将资金从一国向另一国转移，最传统、最主流的方式是银行汇款。早期典型场景是付款方向所在国银行申请开具付款申请书，请其邮寄至收款方所在国的关联行付款，这种形式被称为信汇（M/T）。后来，为了提高效率，改为付款方银行以电报等形式指示境外银行付款，这种形式被称为电汇（T/T）。

---

1 SWIFT 是 Society for Worldwide Interbank Financial Telecommunications 的缩写，即环球银行金融电信协会。

为规避银行信誉不佳或其他人伪冒银行要求收付款的情况，1973 年国际组织环球银行金融电信协会成立，其提供的基础设施 SWIFT 系统可以帮助会员单位（各国银行）以符合格式的密押电报进行沟通，确认彼此身份及付款要素，在互有同业账户及授信关系的情况下完成资金划转。如果银行间并无账户，则还要借助其他中转行，而所有这些银行的参与都带来了相应的运营与合规成本，降低了处理时效，使其成为日益过时、效率低下、成本偏高的支付方式。目前来看，大多数企业支付以其大额、低频特性与较高的安全性、合规性要求，仍会选择此种方式，而个人的支付选择正日趋多元。

在同属汇款场景下，美国公司 MoneyGram（速汇金）和 Western Union（西联汇款）试图绕过 SWIFT 系统，通过自建全球代理商网络完成跨境支付，这在满足到账时效性要求的同时，也相应抬升了服务价格。以西联汇款为例，支付款到账时间可以缩短至 15 分钟左右（银行电汇一般至少需要 3 个工作日），平均支付成本亦提高到 40～50 美元/笔（银行电汇则为 20～30 美元/笔）；而速汇金虽然支付成本未见明显提升，却在支付金额上进行了较大限制。此外，尽管不需要像企业汇款那样面临较严格的交易真实性审查，但通过这类渠道支付，仍然会受付款主体及其购汇金额等方面的监管限制。

在欧美国家，国际信用卡是个人跨境支付的重要渠道，Visa（维萨卡）和 MasterCard（万事达卡）是全球主要的两大卡组织。典型场景是持卡人在境外刷卡消费，收单行确认交易背景并发起申请扣款，卡组织之间在进行汇率折算后，提请发卡行进行扣款，发卡行确认后进行实时扣款及结果反馈。事实上，刷卡支付流程与资金清算流程存在异步，即刷卡时占用的是银行间同业信用，而真正的资金跨境是按日或其他周期完成的，其底层仍会使用 SWIFT 及其他结算系统。近年来，卡组织也在逐步探索除了刷卡消费的其他场景、企业间支付，其底层亦在尝试应用区块链等新技术，用实际行动绕开 SWIFT 系统及其代理商网络，实现降本增效。

伴随跨境电商等场景兴起，市场涌现出更多具有差异化优势的第三方支付机构。Airwallex（空中云汇）主攻 B2C 的点对点支付，可以较好地满足跨境电商、物流、教育留学等场景需求，并为其他机构搭建跨境支付的底层技术解决方案。LianLian Pay（连连支付）则瞄准在境外电商平台拥有店铺的中国用户，其在境外销售回款后，可以将外币收入经由连连支付提现至境内人民币账户，在保证时效性的同时减少结汇麻烦。

支付宝已取得印度尼西亚、中国香港等八个国家或地区的支付牌照。以香港为例，内地赴港游客可打开内地版支付宝 App 在香港扫码付款，支付宝会将港币标价换算成人民币价格进行扣款，而这一过程的底层仍是通过支付宝本地合作银行及其结算网络完成的。与此同时，香港版支付宝用户间可以进行本地转账，但其与内地版支付宝用户之间的转账则较为不易。综合来看，尚无一种产品可在支付效率、成本及应用场景等各方面同时达到较理想的水平。也正因如此，相较境内支付的“双寡头”格局，跨境支付的市场集中度仍然偏低，这也为 Libra 等后起支付渠道提供了想象空间。

2019 年 6 月 18 日，Facebook 发布 Libra 白皮书。在第一版白皮书中，Libra 设想由美元、英镑、欧元和日元这 4 种法币计价的一篮子低波动性的法币作为抵押物来锚定价值。但该项目遭到全球监管机构的强烈反对，继而失去了包括 Visa 和 MasterCard 在内的主要支持者。在 2020 年 4 月发布的 2.0 版本白皮书中，Libra 做出重大修改，将重心从锚定一篮子法币转为锚定单一货币。而根据 2020 年 11 月 27 日 *Financial Times* 报道，Libra 在最初只会发行锚定美元的单一货币。2020 年 12 月 1 日晚，Facebook 官网宣布 Libra 已更名为 Diem。

那么，瞄定美元单一货币的 Libra 能否借助美元的国际地位优势，改变跨境支付现状，打破竞争格局呢[1]？

二、Libra 的两大优势

在 2019 年发布的 Libra 白皮书中，“普惠”是高频词语。在跨境支付领域，Libra 所倡导的普惠可以至少涵盖以下两大优势：

第一，让以前无法享受跨境支付服务，甚至无法接触金融体系的人获取到这一服务。在个人支付领域，全球 60%以上的用户仍然会选择银行电汇，而这需要具有银行账户，本身隐含着“小额账户管理费”等金融机构的更高服务门槛；如果选择西联汇款等不需要银行账户的汇款渠道，则要接受更高的支付成本。在全球 70 多亿人口中，不具有银行账户的人口超过 17 亿，显然这部分用户大多难以享受到跨境支付服务给其生活、工作、财富创造等带来的诸多便利。Libra 将是所有 Facebook 用户都能进行点对点支付的工具和渠道，不需要银行开户，不需要银行服务，也预计不会对跨境支付的主体、金额等进行更多限制，从而使更多分散在各国、特别是金融服务不发达国家的人口转化为跨境支付用户。

第二，降低跨境支付成本。如前所述，如果中国的用户选择西联汇款，则在汇出 1 万美元时，需要承担汇款手续费等至少 130 美元；如果是社会不稳定地区的用户收付款，则费用还要成倍增加，这些支付给各银行或各代理商的费用均属于刚性成本。需要注意的是，无论通过银行电汇、速汇金还是西联汇款，都不能只考虑汇款的直接成本，而忽略用户在结售汇过程中的损失，因为事实上在很

1 金天《跨境支付服务普惠化的境外实践与思考》。

多国家，银行结售汇点差都在 2%以上，从而使用户跨境支付综合成本达到 3%。Libra 的重要目标是搭建金融基础设施，一方面可以充分利用 Libra 协会成员的渠道资源（如 PayU 等），在绕过 SWIFT 系统清算的同时不增加更多的代理商成本；另一方面考虑到其跨币种的资产储备可以保证与各国本币直接兑换，它还可以使用户免于银行购汇。因此，尽管 Libra 尚未披露具体费率标准，但预计其将远低于当期市场水平，并保有较大的灵活调整空间。

三、Libra 对支付领域的影响

从目前看，Facebook 显然对 Libra 的前景充满期待。如果其对标的是同为社交网络的微信，则可以看到 2018 年微信覆盖了中国近 10 亿个用户，每日交易超过 13 亿笔，而 Facebook 已覆盖全球用户 27 亿个以上，约为中国人口的 2 倍，约为支付宝或微信用户的 3 倍，网络效应显然更为突出；与微信和支付宝 100%锚定人民币相比，Libra 锚定的是美元，适用范围更广，被接受程度更高，币值也更稳定；与其他国境内支付相比，跨境支付需要打通的关节、痛点更多，可想象空间也就更大。按照 Libra 自己的推论，由于各国的金融生态彼此割裂，现在的跨境场景基本上仅限于汇款，这在 Libra 推广后或将大为改观，即跨国融资、跨国投资、保险、众筹等各类服务都可能更为便捷、活跃，从而使普惠金融真正成为现实。

最大的不确定性影响因素来自监管。不难看出，与多数三方支付机构的底层仍为银行系统不同，Libra 在支付效率、成本等方面的改进在很大程度上是由于其对 SWIFT 等现有金融基础设施的替代。问题在于，SWIFT 网络的触点是以受管控的银行为代表的金融机构，而 Libra 网络的触点主要是个人，甚至是 Facebook 机制下没有强制实名认证的个人，这意味着其跨境支付既缺乏对收付款方的合规审查，也缺乏对交易背景的真实性审查。对 Libra 的运作而言，美国将关注如何防止 Libra 被用于地下经济或流向敌对国家；对其他国家而言，由于 Libra 底层资产以美元为主，其还将担心涉及 Libra 的交易会否触发美国“长臂管辖”。除了这些跨国监管协调性问题，Libra 还会冲击很多国家现有的跨境资本流动管控机制。以中国为例，如果人民币兑换 Libra 像购买商品一样简单，Libra 又可以轻松完成境外支付，那么个人年度购汇上限就将形同虚设。但反过来，如果 Libra 真的去一一适应不同国家的监管要求，又将极大增加成本、降低效率，从而与其普惠的初心产生尖锐冲突。

2019 年 10 月 5 日，在 Libra 协会的原 28 家创始成员中，支付巨头 PayPal 率先宣布“退群”。其后一周时间内，Visa、MasterCard、Stripe、eBay、Mercado Pago 等支付机构相继跟进，在 10 月 15 日正式签约时，会员数降至 21 家，市场对于 Libra 能否成功推出的疑虑加大。一般认为，担忧监管机构对其参与 Libra 的项目进行问询，或因此有意调查公司的其他业务，可能是部分机构退出 Libra 的直接原因，也不排除 Visa 等支付机构因为顾虑 Libra 对公司原有业务模式的冲击过大而选择退出。事实上，在同期 Libra 接受美国国会及监管机构一系列质询的过程中，Facebook 仍难说服对方接受“Libra 符合美国利益”的观点。

在遭到全球监管机构的强烈反对后，Libra 协会在 2020 年 4 月发布了 2.0 版本白皮书，对 Libra 做出重大修改，将重心从锚定一篮子法币转为锚定单一货币。此后，又将单一货币确定为美元。事实上，Libra 的改变卓有成效。2021 年 1 月 4 日，美国货币监理署发布了一封解释信，阐明了美国联邦注册银行和联邦储蓄协会参与独立节点验证网络（INVN）并使用稳定币从事支付活动等银行准许功能的权限。该部门隶属美国财政部，是美国联邦注册银行的监管机构。可见，美国相关机构的态度已经有所转变。

不过，尽管锚定美元，但 Libra 的发布和运行实体是私人机构，存在严重的治理隐患，未来仍将面临诸多不确定因素。一是来自各国的反对和监管；二是洗钱及恐怖融资风险；三是转向锚定单一货币可能会打击希望以低成本转换货币的用户，从而削弱了 Libra 实现更大金融包容性的雄心。

2021 年 4 月 19 日，中国央行副行长李波在博鳌亚洲论坛上表示，当前很多国家包括中国正在研究对比特币、稳定币的监管规则，确保不会造成严重的金融风险。任何稳定币如果希望能够成为一个得到广泛使用的支付工具，必须接受严格的监管，就像银行或者准银行金融机构一样得到严格的监管。

可以预见，Libra 希望成为具有真实资产支撑和全球影响力的新型货币，在不同程度上对各国货币主权和本币竞争力构成威胁，Libra 无疑将面临很大阻力。其较可能的发展路径是先从拉美、非洲、东南亚等弱势主权货币地区“下手”，这些市场上的跨境支付成本更高、效率更低、普惠需求更强、监管力度更弱，为用 Libra 替代本币进行跨境支付、甚至本地支付创造了更大空间。对于中国而言，考虑到监管大概率不会放行 Libra，其在成本、效率各方面的竞争优势也就无从展现，从而 Libra 更可能成为比特币等加密货币支付的替代品，而难以大规模地替代规范的企业支付或其他正常的个人跨境支付。尽管如此，若 Libra 在美国及欧洲主要国家取得合法或准合法地位，其仍将对人民币国际化，以及支付宝和微信支付等支付工具的海外拓展构成很大挑战，各方需要对此给予足够重视。运用区块链等数字科技手段，找寻“换道超车”的突破口，特别是积极推进 DC/EP，或将成为我国有效应对 Libra 等外部冲击的应有之策。

第三节　数字支付时代来临

货币的不断衍生和创新迭代推动支付媒介、支付手段的创新。随着信用支付、线上支付、数字化技术实践的深入，当前支付体系逐步走向无纸化，向数字化迈进。需要关注的是，由法定数字货币、稳定币，以及加密货币等构建的新数字货币体系将重塑支付行业业态。本节将通过加密货币、稳定币及法定数字货币的案例来剖析其可能给数字支付带来的影响。

一、数字支付千帆并竞

货币的不断衍生和创新迭代推动了支付媒介、支付手段的创新。人类历史上出现过金银币、铜币、纸币、银行票券、电子预付卡、信用卡等支付方式，随着区块链和数字经济的发展，数字货币的出现给现有支付领域带来了巨大的冲击和挑战，并在更广的范围内影响国家政治、经济和人们的生产生活偏好。稳定币能够创设一个全球性、高效、可获得的支付和价值储存手段，对提高金融服务效率和促进包容创新具有重要价值，其将法定货币与加密货币联系起来，为用户挖掘和发挥数字货币优势提供了手段。例如，通过互联网转移资产的能力，形成新的资产类别，部分缓解加密市场波动性风险，同时随着稳定币被广泛使用，其将成为加密市场的基础设施，可以为数字资产生态系统带来巨大的价值。

未来，支付领域数字货币的类型和数量将越来越多，第一类是被主权国家视为正统的主权法定数字货币，可直接视为法币的数字化形式、数字化的现金，以替代现钞和硬币，促进支付的低成本、便捷性和安全性，也使得中央银行对货币政策和财政税收的把控更加精准。第二类是私人发行的有抵押的代币，也大范围地在市场上流通使用。这些私人代币都具备稳定机制和稳定性，能够满足使用者在某些场景的支付结算要求，包括以一种或一篮子法币为支撑的稳定币、以特定实物（黄金、股票、房地产等）为抵押的稳定币和以加密货币为抵押的稳定币。这类稳定币作为其背后某类资产的替代凭证，本身不是真正的货币，只是其背后资产的价值锚的延伸。因而，我们可将单一法币抵押的稳定币和一篮子法币抵押的稳定币视为“现金代币”。第三类是传统比特币、以太币等虚拟货币，这类代币背后不具有资产支持，其价值依赖技术、算法和市场的集体共识，近年来又被一些国家视为支付工具，一些国家甚至在官方层面认可其作为储备资产的价值。

稳定币的出现，为支付行业注入新血液。其作为追求价格稳定的加密货币，一是具有保值获利功能。面对加密货币市场价格的大幅波动，稳定币与加密资产的兑换可部分缓解加密币市场波动性风险。二是创新的支付结算（跨境支付）手段。国际证监会组织在2020年指出，其功能在于创设一个全球性、高效、可获得的支付和价值储存手段，对提高金融服务效率和促进包容创新具有重要价值。同时，稳定币弥补了传统货币与数字资产价值之间的网络鸿沟，为用户提供了“加密货币—稳定币—法定货币”双向转换的方法。其低成本、便捷性和伪匿名性有利于挖掘和发挥数字货币优势，提高跨境支付的安全性、效率和包容性，降低成本，对支付行业具有重大意义。

三是随着稳定币在更多加密资产交易所上线，一方面能绕开传统银行账户体系，为没有银行账户的群体提供金融服务；另一方面构成加密经济和去中心化金融的基础设施，助力普惠金融和去中心化金融的快速发展。

截至2020年底，全球范围内有近60种稳定币，各种稳定币相互竞争，并与传统法币、传统支付结算和跨境支付体系产生竞争，呈现千帆竞发的整体态势。要想在这场没有硝烟的战争中存活下来，并发展壮大，成为用户认可的支付手段，就要综合考虑技术发展与主权国家、政治组织、体制、法律等多个因素和变量的关系，其将如何演化和博弈，让我们拭目以待。

二、比特币与稳定币的区别

加密货币是高度去中心化的，支持其运转的是多个数据块之间的相互验证。以比特币为例，发起人中本聪通过优化“拜占庭容错机制”，保证所有1/2以内的网络崩坏，都不影响诚实记录与各参与方达成无历史信任的交易。系统上每个节点都完整保留交易数据，保证人人都可下载、调取、监督交易历史，使比特币成为完全去中心的交易网络。Libra则有很大不同，起重要作用的是Facebook邀请的多个合作机构（目前已有28家），包括Visa、Ebay、Uber等支付和商业巨头，以及其他非营利性学术机构，它们共同作为Libra的协会成员，行使记录和监督交易等权利。如果1/3以上的合作机构出现问题，变为“不可信”的状态，Libra的交易网络就会停止运行。在这个意义上，Libra不是“去中心”，而是“多中心”，这相对于传统法定货币当然较为离散，相对加密货币来说却更加中心化。

很多市场人士已经指出，加密货币就其技术特性而言，并不太适用于支付。首先，存在分布式记账带来的存储量大、处理速度慢等问题，其中，低性能的节点在很大程度上制约了整体效率的提升；其次，分布式处理还存在业务连续性和结算最终性较为薄弱的问题，难以准确判别交易完成时点，影响相应的确权；再次，其安全性要求仅停留在“无法篡改账本”的阶段，一旦用户的私钥遗失或被盗，完全无法保证资产安全，且在公有链上发生的所有交易都会留痕，并不能真正匿名，也谈不上相应的隐私保护；最后，1/3 或 1/2 以上的“算力攻击”，在节点资源高度集中的现实情况下，并非完全无法达成[1]。

Libra 实际上在加密货币的基础上做了较大改良，底层更多的是中心化架构，最上层做了多中心处理，其核心节点有可能被控制在一个机房以内，保证处理效率得到较大提升；与此同时，考虑其应用场景更多是在跨境支付当中，对处理实效和结算最终性要求偏低，也能在一定程度上规避技术短板，让支付行为更具可行性。

比特币与 Libra 对应价值的可靠程度不同。如我们所知，比特币等加密货币不存在价值锚定，也完全没有备付金，其价值完全仰赖社区共识。在极端情况下，如果社区共识不复存在，比特币价值就将大幅缩水，甚至“归零”，这是加密货币价格经常随人们预期变化大幅波动的原因。Libra 则可靠许多，这表现在其最初的信任与价值注入来自由发起人 Facebook 提供的资产质押，这就提供了真实、稳定的价值支撑。目前，Libra 2.0 版本锚定的是美元，如果得到了相关监管机构的许可，背后有美国国家信用背书，其可信度将极大提升。

1 金天《引发全球连锁反应的 Libra，与你理解的比特币有多远》。

比特币与 Libra 监管介入的程度不同。加密货币交易，长期处在缺乏有效监管的状态。除了拉美、非洲一些“美元化”或“欧元化”程度已经很高的地区、对货币管理基本丧失能力和意愿的小国家，全球多数国家都对加密货币采取限制立场，甚至“一禁了之”。

Libra 则在一定程度上可被纳入监管轨道，这表现在其有正规的注册国瑞士，在美国运作并且愿意接受包括美国在内的、全球多国央行和金融监管机构的监管，这与“藏在暗处”“不见其人”的加密货币交易存在重大差别。

当然这里也存在一些问题：首先，Libra 毕竟属于私人企业，当它替代一个国家的货币时，作为主权国家可以采取各种各样的措施限制或制止这方面的行为。如果一个国家的货币被替代或电子货币变成超主权货币，它就丧失了货币政策的独立性。其次，市场上在使用 Libra 对金融资产、特别是信贷产品进行定价的过程中，难以确定由谁来对货币发行、流通与回笼进行统筹管理，而 Libra 协会表示并不追求中心化的管理角色，可能造成信用发行和信用中介角色的缺位。然而，在美国参众两院的多轮质询中，可以看到 Libra 在应对反洗钱、逃税和防止资金流向“流氓国家”等问题上并无充分准备。如果将来 Libra 由基于授权的“许可链”过渡为一般公有链，则其更有可能卸责给具体经销商，而避免相应程度的监管义务。再次，Libra 的注册地和运作地不一致，容易导向“孰松原则”，譬如，其在瑞士注册，在美国运作，瑞士政策上对用户隐私保护的优先级要高于反洗钱，这与美国刚好相反，就会形成事实上的“监管套利”。对中国等跨境资本管制较为严格的国家来说，Libra 的点对点跨境支付还会直接挑战“5 万美元”等年度换汇结汇上限，一旦开放就可能带来资本外逃，将本国货币引向不断贬值的恶性循环。

考虑到 Facebook 已经覆盖全球 100 多个国家、连接近 30 亿个人用户，具有明显的网络效应，Libra 现有方案又能在一定程度上满足不同国别用户的跨境支付需求，不宜过早断言其“前途有限”；考虑到 Libra 锚定了美元，强化了美元地位，监管和市场更不宜草率预测全球主要国家会在应对 Libra 的问题上采取协调一致的立场[1]。

Libra 与中国央行推出的 DC/EP（法定数字货币）具有较大区别。DC/EP 以更为稳健的中国国家信用作为发行基础，其所依托的长期演进技术更能满足零售场景下的高并发性能要求，双层投放模式能够有效降低系统性风险，并在可控匿名方面更好地保障用户隐私和数据安全。然而需要注意的是，Libra 的推出将在跨境支付等场景下对其他货币产生不同程度的替代效应，直接影响人民币汇率和人民币国际化及 DC/EP 的发展前景。有基于此，细致探究 Libra 的运行机制与应用场景，持续跟进各国监管机构的态度变化，并针对其对中国的可能影响做出合理预案，或许才更是明智之举。

鉴于 Facebook 的影响力，多国央行行长和监管人士担心，Facebook 可能威胁到货币稳定，并可能引发洗钱问题。对用户而言，其可能担心数据保护和隐私问题。

Libra 目前正在与瑞士金融监管机构谈判，以获得支付许可证。这是一个关键步骤，将使该组织进一步推进其数字货币项目。2020 年，Facebook 将 Libra 更名为 Diem，并计划在 2021 年开展锚定单一货币（美元）的稳定币 Diem 的试点。Diem 首席经济学家 Christian Catalini 在 2021 年年初表示，公司与监管机构对话的重要进展是分阶段启动方案。项目将在不同领域逐步引入不同的功能和用例、应用程序，所有项目都必须接受严格的反洗钱检查。

---

1 袁煜明，王蕊《Libra 的运营、监管与“类 Libra”功能预判》。

三、数字支付走向何方

数字货币的发展大致经历了四大阶段，第一阶段为 2008 年至 2015 年，属于私人或非中心的数字货币涌现阶段，第二阶段为 2016 至 2018 年，进入机构数字货币介入和发力阶段，第三阶段为 2019 年至 2020 年，为稳定币全面崛起的阶段，第四阶段为 2020 年至今，为央行法币数字货币进场阶段。当前的数字货币特点如下：第一，数字货币正在走向多元化。第二，数字货币正在以稳定币作为它的基本特征。第三，数字货币背后是传统资本的大量涌入。第四，加密数字货币正在和国家的金融体系、金融战略紧密结合在一起[1]。

2014 年，中国人民银行开始对数字货币的设计原型和硬件设备等问题进行专项研究。2019 年年底，数字人民币相继在深圳、苏州、雄安新区、成都及未来的冬奥场景地启动试点测试，到 2020 年 10 月，增加了上海、海南、长沙、西安、青岛、大连 6 个试点测试地区。“十四五”规划要求，稳妥推进数字货币试点。从全球来看，各国央行正竞相研发测试数字货币。根据国际清算银行发布的调查数据，在全球 66 家央行中，80%的央行表示正在研究数字货币技术，约 20%的央行表示可能在未来 6 年内发行数字货币。

值得关注的是，全球数字货币的发展将给中国央行数字货币带来如下影响：一是美国代表的一种方向，以美元为基础的稳定币的大量产生意味着美元的延伸，美元将通过与区块链的结合，加快数字化进程，通过稳定币的方式，形成一个新型的美元形态。二是欧盟等由央行直接推出央行数字货币，各国法定数字货币若推进跨境

---

1 朱嘉明《数字货币的演进和国际实践》。

支付，将对现有的金融体系产生重大影响。三是瑞典、新加坡的模式，新加坡在很大程度上是通过交易市场推动多种数字货币在本国发挥作用的[1]。

数字货币的产生、演变与发展将给数字经济带来重大影响，没有数字货币介入和影响的数字经济不是一个完整的、成熟的、发达的数字经济。反之，没有数字经济作为一个大的应用场景，数字货币也难以在中国发展。当前，全球正进入数字货币和数字经济相互影响、相得益彰的历史发展时期，不仅发达国家，甚至在很多新兴市场也如此。比如，墨西哥约有 1.3 亿人，绝大多数人还在使用现金，很可能越过传统银行账户阶段直接进入数字货币时期。数字货币的产生会加深国与国之间的金融、经济的渗透，这将给全球央行带来挑战，对货币政策的独立性带来冲击，对货币的供应量产生影响，甚至重构货币理论和估算体系。

与数字化金融时代相伴而生的是金融新基建，从狭义的视角来看，金融新基建可能包括货币体系、支付清算体系；从广义的视角来看，还包括信用、技术基础设施、金融标准化、关键信息基础设施、软硬件、制度与合规、会计信息统计甚至金融文化。对于支付体系来说，数字化将带来翻天覆地的变化。支付清算体系可以理解为经济社会发展中金融领域的“道路、桥梁、口岸、机场”等交通通道，在某种意义上，可以将货币理解为这些交通方式所承载的人流、物流，只有这些金融新基建畅通，整个金融生态体系才能有序运行，同时，两者也相互影响。可以预见，一旦主权国家的法定数字货币或稳定币被广泛用作支付手段，将会冲击传统支付结算体系（如信用卡网络、支付处理商、清算网络等），影响世界金融的现有格局，进而对现有经济、社会和生活产生不可逆转的影响。

---

1 杨涛《厘清我国数字货币的发展前景》。

第九章

前沿探索

中国的数字金融在全球处于领先位置，无论数字人民币的研发和试点、中国版监管沙盒的设计和实施、去中心化金融实践，还是数字科技、监管科技和治理科技的发展，中国都进行了前瞻性的探索。本章聚焦我国数字金融发展的前沿地带，重点关注近两年出现的创新产品、业态和服务模式，从技术、市场、监管三维度视角，试图摸清数字金融的未来发展方向。

第一节 数字人民币的下一站

货币数字化是金融数字化发展的必然阶段和先行阶段。在金融数字化的过程中，货币作为最基础的“基础设施”，属于数字经济和数字金融发展的必然阶段。数字货币的发行、流通体系的建立，对于金融基础设施建设、推动经济提质增效，都是十分必要的。事实上，从科技作用于金融发展的历史进程来看，从实物货币、商品货币演化到信用货币，货币经历了技术进步带来的形式演化。从科技作用于金融发展的世界范围来看，法定数字货币的前沿研究与实践试验也一直没有停止。在技术侧，英国、加拿大等国家积极从事法定数字货币的原型开发与技术论证，并且一直在取得突破。在金融侧，数字货币的实践相对滞缓，因为法定数字货币对于社会的整体影响远比技术验证更加复杂。

一、央行数字人民币的设计机制

我们简单梳理一下中国数字货币的发展进展。总体来说，中国的数字货币发展非常超前，这和移动支付及第三方支付的发展密不可分。央行在2014年就成立了数字货币项目组，也发布了系列报告。随后，央行建立了区块链实验室并成立票交所。2019年，央行加快了数字货币的研发工作。2020年试点开始，10月，深圳发放了数字红包，支持线下商户交易，12 月，苏州也宣布与央行一起发放数字货币红包，不仅支持线下商户交易，而且也支持线上交易。

央行数字货币研究所所长穆长春对数字货币运行机制的设计要点做了很多阐述，如遵从传统货币管理思路；建立双层系统，央行在第一层，第二层为商业银行、电信运营商及互联网支付平台。第二层机构由央行授权，拥有 e-CNY（数字人民币）的所有权，以及可支付的保证，也拥有相应系统、技术和设备，这和以前的想法略有不同。央行和第二层机构并不是简单的批发零售关系。第二层机构是商业银行、电信运营商及互联网支付平台。资本充足要求、了解客户、反洗钱、用户隐私数据保护，这些合规性的责任都在第二层机构。比如，在反洗钱方面，央行应该掌握所有交易数据，但只是备份性质，本身没有直接商业利益。央行数字货币可能是央行所有，也可能不是央行所有，而且第二层机构对客户隐私、数据合规性负责[1]。央行法定数字货币的“一币两库三中心”见图 9.1。

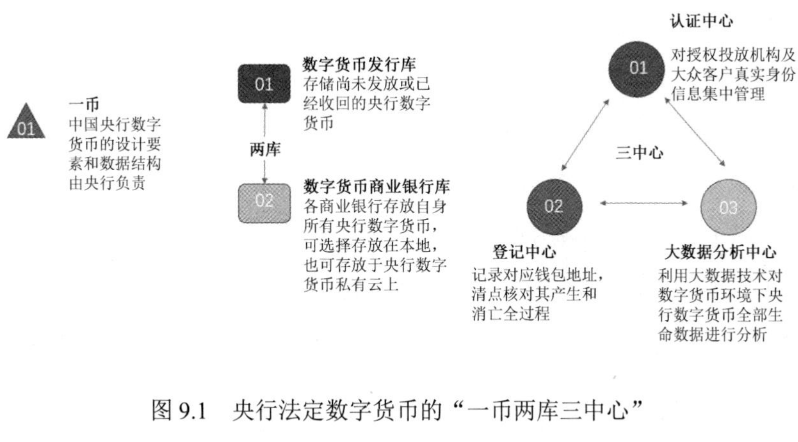

图 9.1　央行法定数字货币的“一币两库三中心”

中国 DC/EP 是竞争性、多方案、动态演进的经营体系，是多方

1 姚前《中国法定数字货币原型构想》。

案的研发试点项目。央行要想选择一种最优技术和最优发展路径并不容易。中国拥有 14 亿人口的庞大市场，需要考虑多种技术方案的应用。金融科技的发展速度前所未有，支付行业必须适应自我进化和更新。这个机制必须包括以客户为中心的技术评价和反垄断措施。央行的角色非常重要，它要维护数字人民币币值稳定，建设结算与清算等基础设施，在动态演变系统中做好应急和替代方案，并且有责任促进不同支付产品之间互联互通。

二、法定数字货币探索中存在的问题

法定数字货币的问题主要包括以下几个方面。

第一，对银行支付和非银支付系统的影响。按照国际清算银行《法定数字货币》对货币的“数字之花”的描述，法定数字货币按照功能可以划分为零售和批发两类货币，前者指的是不设定使用目的的法定数字货币（类比现金）；后者指的是仅在银行间系统进行交易结算的法定数字货币[1]。央行法定数字货币的发行，是否会在零售和批发端影响现有支付体系？央行法定数字货币的定位是应用于零售端的现钞，替代流通中的纸币。零售端的央行法定数字货币的“双离线支付”功能具有天然的便捷、低成本和多场景的优势，但在应对高并发量、大额转账需求的时候，现有技术难免“力不从心”。可以预计，央行法定数字货币在下层的投放体系中仍然会基于目前现有的清算格局，大概率不会取代现有的银联、网联等清算机构和支付宝、微信等第三方支付公司，而是作为电子货币、电子现金在第三方支付的账户和提供的渠道中流转。

1 张彧通《构建适合法定数字货币的金融制度》。

第二，对金融市场参与主体的影响。金融市场参与主体与法定数字货币直接打交道。第一个发生变化的是央行。对于央行来说，影响在于两方面。一方面，法定数字货币与银行存款的相互作用会给央行带来更多的金融中介职责；另一方面，央行作为法定数字货币数据反馈的后台，将成为全国零售支付数据的超级后台，负责测算数字人民币的发行、流通，识别可能涉嫌洗钱等违法犯罪的可疑交易。第二个发生变化的是商业银行。银行的商业模式会由此改变，支付业务、存款业务将会受到较大影响。银行需要开发与数字货币配套的客户端钱包、结算系统，调整已有账户设置，在技术和业务线层面对业务进行整体升级。

第三，对货币政策的影响。法定数字货币会给货币政策带来诸多影响，例如，可能会强化政策利率向市场利率的传导，但是货币政策操作本身的机制不会因为法定数字货币的出现而改变。

第四，对金融市场的影响。如果为法定数字货币设定利率功能，则其在金融市场中的角色更加活跃多变，将会在不同程度冲击传统主权债务、法币、央票等金融工具[1]。

第五，央行法定数字货币的兼容性和互操作性问题。我国的法定数字人民币的应用场景不能局限在国内，在与国外贸易、跨境支付和汇兑结算的过程中，如何与其他国家的法币或资产进行兑换和清算，是目前亟待解决的一个问题，有待主要国家或地区联合起来，探索打造跨国界和跨区域的央行法定数字货币的互操作系统，以提升数字人民币跨国流通的便利性、安全性。

第六，法律和监管问题。目前央行数字货币的发行在我国法律体系中缺乏合法性授权，《中华人民共和国中国人民银行法》中未涉

1 金天《如何构建数字货币生态系统》。

及央行法定数字货币的定性和发行问题。同时，当前金融监管机构缺乏一套完整的监测和监管数字人民币的监管模式和手段，需要加强研发和落地。

三、数字人民币未来的应用

数字货币的应用前景非常广泛，既包括“央行—商业银行”层面的应用前景，也包括“商业银行—公众”层面的应用前景。从中央监管的场景来看，数字货币可以实现穿透式监管，有效达到反洗钱的目的，并且有助于精准扶贫。在宏观调控场景下，数字货币有助于优化宏观调控机制，但这方面的讨论还不多。在人民币国际化的场景下，数字人民币能够帮助中国抵御 Libra 的冲击。在“商业银行—公众”的大场景下，数字货币可用于 C 端、B 端和 G 端，如小额零售支付、数字票据、企业支付、政府补贴发放和消费券发放等，还可以用于跨境支付场景。中国在这些方面走在世界前列。

以 C 端场景为例，央行数字货币可用于收钱和信用卡还款等资金服务、理财和借款等金融活动，以及缴费和购物等生活服务。中国央行数字货币与其他央行数字货币相比，一个显著的特点是在政府主导下不断扩展和试验使用数字货币的各种生活场景。

以 B 端场景为例，数字货币的应用场景涉及支付、信贷服务、供应链金融和保险等多个领域，应用前景非常广阔。

网络制度支付为央行数字货币试点提供了技术和很多场景的支持。根据中国人民银行发布的《中国数字人民币的研发进展白皮书》，截至 2021 年 6 月 30 日，数字人民币试点场景已超过 132 万个，覆盖生活缴费、餐饮服务、交通出行、购物消费、政务服务等领域，累计交易笔数 7075 万余笔，交易金额约 345 亿元。

第二节　监管沙盒的国际借鉴与中国实践

2019年年底，央行启动金融科技创新监管试点（中国版监管沙盒[1]），在北京首先推出后，稳步向其他地方纵深推进。截至2021年6月，10个金融科技创新监管试点（监管沙盒）已全部落地，覆盖北京、上海、成都、广州、深圳、重庆、雄安、杭州、苏州、山东等10个地区，90多家金融机构和科技公司以单独申报或联合申报的方式，产生19个批次、93项创新试点应用“入盒”。作为金融数字化和金融科技创新的重要协同机制，中国版监管沙盒在提升监管质效、促进金融创新、改善金融服务等方面取得良好成效。放眼未来，监管沙盒机制还可以在目标、实施和应用等方面进一步优化拓展，从而在推动金融创新与金融监管良性互动、金融高质量发展方面发挥更大的作用。

一、国外监管沙盒的产生与发展

为有效应对金融科技创新等带来的监管挑战，妥善应对监管在

1 监管沙盒（Regulatory Sandbox），指在可控环境内实施监管，让新产品/模式在真实市场环境中迭代验证，去伪存真；让用户在受保护的前提下接触新产品，享受新模式的效率而不被风险所伤（事前约定风险补偿机制）。

支持创新和防控风险上的冲突，英国监管当局于 2016 年率先实施了“监管沙盒”制度，并得到了新加坡、澳大利亚、日本等国家金融监管当局的响应推广，成为金融科技创新监管的新趋势[1]。监管沙盒自 2015 年从英国诞生，经过 5 年多时间，监管沙盒目前在全球近 30 个国家和地区落地，成为金融科技创新的先锋试验机制。

经过五年多的实践，国外监管沙盒取得了一些成效：一是监管沙盒创新不仅成为一种监管工具，也逐渐成为一种技术驱动型和风险回应型的监管理念和模式。监管沙盒金融机构“寻找新的更良好监管”的有益探索，即更加注重监管的主动性、监管弹性和监管决策的明确性，在监管者与被监管者的互动中协调金融监管。二是监管沙盒帮助监管者更好地履行双重职能。监管沙盒有效协调了中央和地方金融监管机构防控风险、维护金融稳定的监管政策目标和服务实体经济的效率。三是监管沙盒有效推动了金融创新趋于理性，提高效率。这一创新监管模式大大缩短了创新产品进入市场的时间和降低了成本，为企业理性创新提供了有效合理的渠道。四是增加消费者福利。监管沙盒提升了金融服务的便利性和可得性，使消费者在有保障的环境下，以较低成本获得较高性价比的金融服务[2]。

但监管沙盒在实践中也存在一些问题，例如，监管沙盒规则的确定性程度不够（缺乏明确的测试期限、评估标准、退出机制等），与传统金融监管规则不兼容，中央与地方组织开展监管沙盒中的协调机制、消费者保护和风险防控机制不到位等，需要进一步调整优化。

---

1 朱太辉《以监管沙盒破解监管困局》。

2 黄震，张夏明《监管沙盒的国际探索进展与中国引进优化研究》。

二、监管沙盒“中国化”需要考量的因素

1. 监管沙盒需遵循技术中性原则

伴随金融科技和互联网信息技术的发展，技术中性原则越来越受到国家和地区的重视。中国在2019年1月开始实施的《电子商务法》中也明确了这一原则，即法律对电子商务的技术手段一视同仁，不限定使用或不禁止使用何种技术，也不对特定技术在法律效力上进行区别对待。2019年8月，中国人民银行发布的《金融科技（FinTech）发展规划（2019—2021年）》要求加强监管科技的应用，也体现了技术中性原则。

金融科技领域中的技术中性原则大致是指，技术本身并没有好坏和风险大小之分，金融科技监管关注的并不是信息科技本身，而是信息科技应用于金融业务可能产生的风险。就此而言，金融科技中的技术中性原则应该包括两个层次：一个是金融科技——信息科技应用于金融业务；另一个是监管科技——信息科技应用于金融监管。事实上，近年来金融监管部门也高度重视监管科技的发展，在2019年12月10日的中央经济工作会议之后，银保监会提出加强监管科技的建设，重视技术在金融业的赋能；证监会新设科技金融监管局，推进科技与业务深度融合，以提升证券监管的科技化、智能化水平。

就监管沙盒的设计而言，金融科技创新试点和监管科技创新试点两类工作都已经在北京启动，都可以考虑通过监管沙盒进行测试和遴选。具体而言，监管沙盒也可以测试基于信息科技创新的监管方法和监管技术，从而更好地促进监管规则的修订和监管改革的实

施，提高金融监管的适应性和有效性；同时，也有助于推动金融监管部门更好地处理海量金融数据和改善金融风险监测，减少监管滞后和失误。十九届四中全会提出，要提高金融体系的适应性、竞争力和普惠性，其中的适应性一方面是金融体系的发展要更好地适应实体经济的需求，另一方面也包括金融监管体系要更好地适应金融创新发展，特别是适应金融科技创新发展。监管沙盒的设计，可以考虑同时促进这两个层次的适应性发展，既测试金融机构、金融科技企业的金融创新，也可以测试一些监管技术、监管工具的创新，以及监管规则、监管政策的调整。

2. 监管沙盒需遵循竞争中性原则

从国际经验来看，各个国家和地区的监管沙盒的适用对象和准入标准各不相同，但都明确了监管沙盒的准入标准和实施要求，且准入标准非常注重覆盖面和公平性。近年来，党中央、国务院在产业政策制定、国有企业改革和深化对外开放中都强调竞争中性原则。2019 年 4 月，中共中央办公厅、国务院办公厅印发的《关于促进中小企业健康发展的指导意见》也强调了竞争中性原则，要求以此打造便捷的营商环境，进一步激发中小企业活力和发展动力。2019 年 12 月 4 日，中共中央、国务院印发的《关于营造更好发展环境支持民营企业改革发展的意见》进一步明确竞争中性原则，提出要坚持公平竞争，对各类市场主体一视同仁，营造公平竞争的市场环境、政策环境、法治环境，确保权利平等、机会平等、规则平等，注重采用市场化手段，通过市场竞争实现企业优胜劣汰和资源优化配置。

就监管沙盒的设计而言，竞争中性原则的重点在沙盒的申请主体上，关注的焦点在于是不是金融机构、准金融机构和金融科技企业都可以申请，金融科技企业可以独立申请还是必须与金融机构合作申请。对于金融科技创新而言，不管是由金融科技企业发起，还是由金融机构发起，只要有利于促进金融供给侧结构性改革和金融高质量发展，有利于改善金融体系的风险防控，有利于提升金融服务实体经济和人民大众的质效，那么都应该支持。按照竞争中性原则的实质，对于同样的创新项目或产品，金融机构可以申请入箱测试，金融科技企业应该也可以申请入箱测试。事实上，持牌金融机构的业务创新是有申报渠道的，可以报请监管部门审批，目前的难点是金融科技企业创新缺乏申报机制。

因此，监管沙盒准入设计应重点关注创新项目或产品，而非创新主体。考虑到我国目前的监管架构仍然是基于金融机构的分业监管，同时出于试点稳健起步的考虑，监管沙盒的准入一开始可以限定为金融机构申请、金融机构与金融科技公司合作申请，但在经过一段时间的经验积累后，应使金融科技公司可以单独申请。

3. 监管沙盒设计需处理好中央与地方的权责分工

监管沙盒是多方参与的试验型动态监管机制，申请测试企业、各地方监管部门和中央监管部门的权力、责任和义务需要提前设定好。在我国中央—地方的双层监管架构下，地方政府监管的主要是准金融机构，中央监管部门监管的主要是持牌金融机构，两者在监管职责分工、金融风险处置等方面存在较大差异。地方性监管沙盒的设计需要切实考虑我国中央—地方的双层监管架构及各个监管部门的职责分工，并建立顺畅高效的监管协调机制。

在沙盒测试前，很多问题和政策在中央监管部门层面还没有得到明确，缺乏明确性的规则指引。比如，个人金融信息数据如何征集、使用和交互，地方性银行是否可以基于互联网和第三方支持开展跨区域助贷，相关的金融科技创新项目或业务是否可以在地方监管沙盒里先行先试，以及中央金融监管部门监管范畴内的业务是否可以申请进入沙盒测试。在沙盒测试后，地方性监管沙盒测试通过的产品和业务，能否得到中央金融监管部门的认可，是否可以在其他地方政府管理的范围、区域推广。此外，监管沙盒测试认可的金融科技创新可能会与现有的金融监管法规产生冲突，是否需要中央监管部门提供“监管豁免”“限制性授权”，中央监管部门是否应该修改监管政策。

如果监管沙盒在设计上能解决好这些问题，将有助于促进金融科技创新和金融监管发展的良性互动，提高监管双轨制的效率和安全度，从而大幅提高金融监管的质效。同时，如何改革完善中央和地方监管协调机制一直是我国金融监管改革中的一块“硬骨头”，监管沙盒在设计上解决好上述问题，也将有助于改革完善我国的地方与中央金融监管协调机制，推动我国地方金融立法体系进一步完善，能够为中央与地方金融监管部门的职责划分、风险处置、上下联动等探索一些好方案、好机制、好措施。

4. 监管沙盒设计应增强标准与评估的专业性

监管沙盒测试的准入标准、测试标准和退出标准的设计是基础，但具体的标准实施和测试评估同样重要。具体而言，在沙盒准入阶段，金融机构、金融科技企业、准金融机构向监管沙盒提交产品或者项目测试申请后，应由谁来评定是否可以入箱测试？在沙盒测试阶段，创新产品或项目实施的总体风险状况和对消费者利益、金融体系稳定的影响效应，应由谁来评估？在沙盒测试完成后，谁来评估决定这个产品是终止还是推广？这些评估实施主体是监管部门，还是评审专家委员会？如果是评审专家委员会，其组建应遵循什么程序，对委员有什么要求？对此，可借鉴各国货币政策委员会、财政政策委员会、存款保险治理委员会等的治理机制，建立金融科技的产学研专家库，监管沙盒负责部门应针对不同的创新产品和项目，从专家库中随机挑选相应的产学研专家组成评审专家委员会，由评审专家委员会来评估决定产品或项目是否准入、实施成效和退出应用。与此同时，应建立公开透明的测试公开机制，适时对外公开评估结果和理由，接受公众监督，确保监管沙盒的实施公正、公平、公开。此外，还应注意监管沙盒的评估实施对标准设计的反馈，促进评估实施和标准制定的互动迭代。

5. 监管沙盒规则设计应提供确定性预期

在监管沙盒测试后，也需要调整相应的监管规则，形成确定性预期。金融监管的演变历史表明，监管规则与金融创新相伴而行、相互促进。已有的金融监管规则和监管工具大多针对传统的线下模式，随着金融科技创新、非接触式金融服务和金融数字化转型的快速推进，金融监管规则和监管工具的调整优化变得更加迫切。监管沙盒在测试创新项目后，也需要确定性的规则保障形成稳定性预期。例如，针对非接触式金融服务和金融数字化的沙盒项目，银保监会发布了《商业银行互联网贷款管理暂行办法》；针对大数据应用、人工智能风险监测等创新应用，中国人民银行研究制定了《个人金融信息（数据）保护试行办法（初稿）》；针对商业银行账户的产品和流程创新，监管部门对远程开户等政策做了一些暂时性的调整，很好地适应了疫情冲击下金融业务创新发展的监管需求[1]。

此外，我国监管沙盒已在准入、风控和消费保护方面划定原则和底线，应进一步明确准入、测试、评估等规则。随着中国 9 个金

1 朱太辉，张夏明《 “监管沙盒”的国际借鉴和中国实践》。

融科技创新监管试点的60个惠民利企创新项目的落地和测试，未来我们应积极总结监管沙盒的经验，明确未来的监管发展方向：在中央金融监管和地方金融监管的协调、测试主体的范围、风险处置和消费者保护机制、沙盒退出安排等沙盒测试的各个流程环节，公开披露规范要求，引导市场主体对监管沙盒形成确定性预期，从而更好地开展金融科技创新。

三、监管沙盒试点在我国落地的实施路径

1. 明确深化监管沙盒的政策目标

金融体系与实体经济同存共荣，提升金融创新监管质效与改善金融服务质效在底层、长期方面具有内在统一性。监管沙盒的直接目标是提升金融创新监管的专业性、统一性和穿透性，但最终目标应该是实现金融服务实体经济和防范金融风险的协调统一。在当前的试点阶段，入盒测试项目多是技术和流程创新性方面的，例如，对供应链、信贷流程和服务、移动支付服务产品的优化，聚焦中小微企业融资问题和普惠金融，主要在金融服务补短板的项目上发力，而关于金融业务模式的创新较少。但金融业务模式的创新与改善金融服务同等重要，而且技术和流程创新在业务模式创新的配合下，才能更好地改善整个金融服务的质效。

金融服务实体经济特别是小微企业的政策目标，范围不断扩大、要求持续迭代升级。当前，小微企业金融服务更加全面地关注政策传导效果和金融服务质效，已经从之前的“两个不低于”“三个不低于”演进到“量、面、质、本”的“四箭齐发”。2020年4月，《中国银保监会办公厅关于2020年推动小微企业金融服务“增量扩面、

提质降本”有关工作的通知》(下文简称《通知》)明确提出，普惠型小微企业贷款“增量”——贷款较年初增速不低于各项贷款增速，有贷款余额的户数不低于年初水平；“扩面”——增加获得银行贷款的小微企业户数，着力提高当年新发放小微企业贷款户中“首贷户”的占比；“提质”——提升小微企业信贷服务便利度和满意度，努力提高信用贷款和续贷业务占比；“降本”——进一步推动降低普惠型小微企业贷款的综合融资成本。在此基础上，2020 年 6 月，中国人民银行、银保监会等发布了《关于进一步强化中小微企业金融服务的指导意见》下文简称《意见》，为小微企业金融服务“增量、扩面、提质、降本”提出了三十条具体的政策措施。

监管沙盒的创新测试关注点可以从推动金融服务补短板方面，进一步拓展到金融服务“增量、扩面、提质、降本”上。当前中国金融体系的存量资产和业务规模已经很大，监管沙盒的测试项目既要注重对增量业务创新的助推作用，也应注重对存量业务数字化改造的促进作用，从而更好、更多、更快地促进金融高质量发展，在更高水平上实现金融服务实体经济和防控金融风险的平衡。金融服务实体经济，特别是小微企业“增量、扩面、提质、降本”目标的全面实现，需要借助金融科技创新改造现有的金融服务业务模式。2019 年 12 月底，《中国银保监会关于推动银行业和保险业高质量发展的指导意见》提出，银行保险机构要夯实信息科技基础，建立适应金融科技发展的组织架构、激励机制、运营模式，加大民营企业和小微企业的金融产品创新力度。《通知》《意见》也对利用金融科技改善小微企业金融服务，提出了具体的政策措施。监管沙盒作为金融科技战略的重要载体，可以在实体经济和小微企业金融服务“增量、扩面、提质、降本”方面更好发挥先发联动和协同传导优势。

2. 动态革新监管沙盒的监管模式

监管沙盒是监管科技的重要创新模式。监管科技是近年来兴起的金融创新监管手段，与金融监管模式、监管理念的变革息息相关。国际金融协会认为，监管科技是更加有效和高效地解决监管与合规要求而使用的新技术手段。监管沙盒本身具有技术中性的特性，既可以为金融科技创新提供“试验田”，也可以为金融监管创新迭代提供空间，可以测试监管规则调整和监管工具实施的效果。我国正在探索建设金融科技监管规则体系，已有的金融监管规则和监管工具大多针对传统的线下模式，随着金融科技创新、非接触式金融服务和金融数字化转型的快速推进，金融监管规则和监管工具的调整优化变得更加迫切。监管部门也意识到了这一点，相关规则也正在研究制定。2019 年 8 月，中国人民银行发布《金融科技（FinTech）发展规划（2019—2021 年）》要求加强监管科技应用，探索金融科技创新管理机制，服务金融业综合统计，增强金融监管的专业性、统一性和穿透性，监管沙盒的运用就是其重要抓手。

3. 中立化运用监管沙盒的监管工具

监管沙盒是中性的，既可以用于测试金融技术、金融业务的创新，也可以用于测试金融监管规则调整和监管工具实施的效果。监管沙盒的未来演进需要遵循竞争中性原则和技术中性原则，增加对监管科技创新和监管规则调整的测试。监管沙盒在吸收金融科技创新测试的同时，可以尝试将监管规则和监管工具纳入沙盒作为测试的对象，探索基于信息技术迭代的监管科技（Suptech）和合规科技（Regtech），通过健全金融科技监管规则体系、数字化报送平台，探索穿透式监管、监管规则的数字化翻译等应用，推动监管理念、监管技术和监管手段革新，增强金融监管的适应性和有效性，打造金融技术业务模式创新与金融监管规则工具模式适配性的检验机制。

4. 创新监管沙盒风险防控和消费者保护机制

监管沙盒要平衡好金融创新和风险防控，消费者保护是核心关键，落实好风险处置责任和风险补偿机制非常重要。虽然监管沙盒有准入要求，但测试产品和项目也会出现风险。测试申请机构作为风险处置的第一责任者，需要在测试前设计好消费者保护和风险补偿方案，涉及资金运作的项目还必须设置风险保证金，以补偿消费者的不合理损失。比如，英国行为监管局推出的监管沙盒明确要求，创新测试申请企业需要确保已经投入了足够的资源，做好相应准备，包括了解金融法规、研发投入、潜在风险应对措施等，并且在出现纠纷时，消费者可向金融申诉服务机构（FOS）和金融服务补偿计划（FSCS）求助[1]。在沙盒测试过程中，沙盒实施机构要确保测试主体的风险防控和补偿机制覆盖测试的全部流程，若测试企业不能满足风险控制和消费者保护要求，即可“按暂停键”或要求其退出沙盒。此外，沙盒实施机构还要建立相应的风险防控机制，防止测试企业无法承担所有的风险责任或没有做好所有的风险防控，如消费者的数据征集、使用和安全保护，避免金融风险的跨产品、跨机构和跨市场“传染”。概括而言，监管沙盒的实施需要明确入箱测试机构与金融监管部门之间、地方与地方金融监管部门之间，以及地方与中央监管部门之间的风险防控责任，完善金融监管信息平台的建设，构建金融风险实时监测预警机制，提升监管快速反应能力，加强跨市场、跨业态、跨区域金融风险的识别、预警和处置能力，避免风险在更大范围内扩散。

1 朱太辉，张夏明《中国“监管沙盒”的优化演进》。

第三节　去中心化金融，未来路在何方

一、去中心化金融的理念和特征

去中心化金融（Decentralized Finance，DeFi）相对传统的中心化金融而言，是指用来构建开放式金融系统的去中心化协议，目标是创建一个高度互操作的金融系统，具有更大的透明度，平等的访问权，并且几乎不需要中介，旨在让世界上任何一个人都可以随时随地通过智能合约进行金融活动。这种叙述假设去中心化是一种开放、透明和自动化的金融系统。去中心化或分散式金融是一项旨在建立一个对所有人开放的新金融系统的运动，它不需要信任像银行这样的中介机构。为了实现这一目标，去中心化在很大程度上依赖加密技术、区块链和智能合约。智能合约是去中心化的主要组成部分。

去中心化交易所在2020年第四季度的总交易额达到600亿美元，未偿还的去中心化贷款达到 45 亿美元。2020 年在以太坊网络上交易的稳定币和 ETH（以太币）接近 1.6 万亿美元，逐渐有“燎原之势”。

相比传统的中心化金融系统，去中心化平台具有三大优势：一是有资产管理需求的个人无须信任任何中介机构新的信任在机器和代码上重建；二是任何人都有访问权限，没人有中央控制权；三是所有协议都是开源的，因此任何人都可以在协议上合作构建新的金融产品，并在网络效应下加速金融创新。

二、去中心化金融的应用场景

1. 去中心化借贷

去中心化借贷是指通过去中心借贷协议匹配借方与贷方，再抵质押确认后即时划转资产、完成借贷行为。去中心化借贷协议为平台提供了标准化和互操作性的技术基础，并在贷款过程中起到安全管理的作用。与传统的借贷模式相比，去中心化借贷模式具有以下特点：一是法币贷款与数字资产贷款合并（稳定币模式是锚定法币的数字资产）；二是基于数字资产进行抵押；三是通过自动化实现即时交易结算，并降低实际成本；四是用超额抵押模式代替信用审查，这也意味着可以服务更多无法使用传统服务的群体。去中心化借贷平台常用的抵押贷款形式为：借款人须将价值高于借款的资产作为抵押品，以保证在无法偿还债务的情况下，贷款人可获得抵押品。目前市场上影响力较大的去中心化贷款协议平台有 Compound、Dharma 和 MakerDAO[1]。去中心化抵押借贷平台大致可分为三种模式：P2P 撮合模式、稳定币模式和流动池交易模式。以 Compound 为例，该平台利用算法性的自主利率协议，允许用户提供诸如以太币或 Tether（泰达币）等数字资产并开始计息，投资者提供的资产也可以作为抵押品借入其他资产。

---

1 MakerDAO 成立于 2014 年，是以太坊上的自动化抵押贷款平台，同时也是稳定币 DAI 的发行商。

2. 算法稳定币

稳定币是价格保持相对稳定的加密货币。金融稳定委员会把稳定币界定为一种相对特定资产、资产池或一篮子资产保持稳定价值的加密资产[1]。稳定币作为一种价值相对稳定、波动较小的虚拟货币，国际证监会组织认为其功能在于创设一个全球性、高效、可获得的支付和价值储存手段，对于提高金融服务效率和促进包容创新具有重要价值[2]。投资者巧妙地使用智能合约和某些激励措施，可以创建与美元挂钩的稳定硬币，而不必将美元存储在现实世界中。MakerDAO 实质上允许用户锁定其抵押品并生成 DAI。DAI 是算法稳定币的一个很好的例子。除了 DAI，还有其他多种非算法稳定币，如 USDT、USDC、PAX 等。它们的主要问题在于它们是集中化的，因为背后有一家公司负责持有与美元或其他资产等价的稳定币值。然而，这些稳定的硬币普及率很高，并被广泛用于诸如 Compound 或 Aave 的去中心化应用中。

3. 去中心化交易所

去中心化交易所（Decentralized Exchange，DEX），指的是运行在区块链网络上的交易所。与标准的集中式加密交易所不同，去中心化交易所允许以完全去中心化和无许可的方式交换加密资产，不需要承担中心化交易所的账户体系、了解你的用户（KYC）、法币兑换等功能。与中心化交易所的挂单模式不同，去中心化交易所一般采用的是自动做市商（Automated Market Maker，AMM）模式，按一定比例提供两种代币的资金，即可开启一种交易对。这两种代币

1 引自 *Regulatory Issues of Stablecoins*。

2 引自 *Global Stablecoin Initiatives*。

构成一个资金池，当一种代币的数量减少时，即意味着其价格上涨。目前主流的去中心化交易所有 Uniswap、1inch、Balancer、Sushiswap、路印协议等，这些交易所均是基于以太坊网络发行的[1]。此外，去中心化交易所通过开源的智能合约，实现链上的全自动运行，解决了中心化的风险。

4. 去中心化衍生品

与传统金融类似，衍生工具从标的资产的表现中获取其价值的合同。该领域的主要去中心化应用程序是 Synthetics，该平台可为不同资产提供链上风险敞口。相较于中心化衍生品，去中心化的衍生品协议具备五大优势：一是没有中心化交易所运营商，长期来看费用更低；二是访问无需许可，使其具备抗审查特性，不能人为关闭、掌控和改变交易协议；三是用户自持资金，没有交易对手风险；四是交易品种无许可，任何有公开价格的资产都可以被交易；五是无提款限制或交易规模限制。但去中心化衍生品交易也有不少缺陷，如存在交易体验较差、流动性不足、事故责任主体不明确等问题[2]，还需要进一步迭代和优化。

5. 保险

保险是传统金融的重要组成部分，可以在去中心化金融中复制。去中心化保险是指基于不可篡改、强制自动执行的智能合约的保险协议。主要为币圈常见的风险事件（如私钥被盗、交易所被攻击、钱包被盗、智能合约出现漏洞被操纵等）提供风险保护，这些都是

---

1 DAppTotal 研究院发布的《2019 年度 DeFi 行业研究报告》。

2 黄雪姣《去中心化衍生品起飞年，这 41 个价值项目值得关注》。

当前经常遇到的突发风险事件。去中心化保险平台 Nexus Mutual 为 bZx 攻击事件兑付用户索赔就是去中心化保险的典型场景。去中心化中的保险产品提供一定的赔偿保证，以换取保险费。目前主流的去中心化保险主要有两种形式：互助保险和金融衍生品保险。互助保险就是用户的保费都集中到一个资金池内，共担风险，然后通过社区治理来决定哪一个理赔是有效的，然后理赔用户才能得到一定的赔偿金。金融衍生品保险主要通过金融衍生品（主要是期权）提供去中心化保险服务[1]。Nexus Mutual[2]和 Opyn[3]是这个领域受欢迎的去中心化项目。

6. 预言机

预言机服务的一个真正重要的方面是 oracle 服务，构成去中心化发展的基础设施，它的功能是将外界信息转化、写入区块链，完成区块链与现实世界的数据互通。简单来说，预言机就是连接区块链与现实世界的数据中介，专注于将外界可靠的数据传送到智能合约中。目前加密市场存在三种预言机：一是中心化预言机，二是去中心化预言机，三是联盟预言机。该领域受欢迎的项目是 Chainlink、BAND、NEST 等。

以上是目前主要的几种去中心化应用。对标在主流金融行业领域 “开放银行”的概念，去中心化也是去中心化金融领域“开放金融”的概念，成为越来越重要的一个趋势。去中心化类似于乐高积

1 WebX实验室《你的资产还在 DeFi 里裸奔吗？》。

2 Nexus Mutual 于 2019 年 5 月推出，是一个会员自有的资金池，提供智能合约故障的保险。

3 Opyn 是一个抵押期权的协议，主要针对保护性看跌期权推出了保险。

木，将一些基础的金融模块，通过不同的智能合约来实现，然后在这些智能合约之间相互调用，实现不同金融功能的结合和创新，极大拓展了区块链金融创新的广度和深度。可以预见，未来随着去中心化的纵深发展，将会有更多复杂的去中心化项目在区块链中被构建出来，玩法也将更多。

三、去中心化金融对数字金融的影响

去中心化金融构成了区块链金融生态系统的基础设施。

去中心化金融将有助于提高金融效率，助力普惠金融，为难以接触银行服务的人提供金融服务。对金融机构而言，去中心化金融使用专有的智能合约来促进服务提供商、金融机构和客户之间的分配和特定产品的资金流动，从而减少了对中介机构的依赖，大大降低了分销成本，并提高了效率。对投资者而言，去中心化解决方案提供类似银行账户、存贷款、理财、保险等功能，其通过智能合约安全地自动创建和结算协议的能力，大大延伸了金融服务的时间和空间范围，深化了金融服务的深度和精度，更好地提高了普惠金融的质效。

同时，去中心化金融作为新生事物，主要风险之一是智能合约中的错误、漏洞及协议更改可能会影响现有合约。除此之外，去中心化项目协议一旦上线，区块链就开始自动运行，没有可用于关闭协议的管理员密钥，即使是开发团队人员也无能为力。这些去中心化的智能合约协议是否会产生更大的系统性风险？例如，在资产价格急剧下跌的情况下，可能会导致多个去中心化协议触发清算和销毁机制，给投资者带来财产损失风险；网络费用和拥堵也可能是重要问题，可能产生较高的套利投机风险。针对去中心化金融业态的投机性、去中介和难监管的问题，我们应积极应对，可通过加密资产市场法规，严格管制去中心化金融交易，加强相关监管机构之间的合作，填补监管空白，不断丰富应对去中心化金融的公共政策框架。

四、去中心化金融的未来展望

去中心化金融可以视为对传统金融的破坏性创新。与大多数金融科技公司不同，去中心化金融建立在区块链网络的新轨道上，而不依赖传统的技术和程序，而且去中心化金融在安全方面天生的巨大优势紧紧吸引着用户和市场的注意力。当前，大多数金融产品只能由银行创建，依托银行账户体系和支付结算体系运行。去中心化是开放的，不需要经过许可，并且可以通过类似互联网的方式使多方协作的成本大大降低。随着去中心化金融的深化发展，未来大量的主流数字货币会出现在去中心化交易所中，大量金融产品和形态将复制或映射到去中心化金融生态系统中，推动去金融化金融的繁荣。虽然目前去中心化项目主要建立在以太坊上，但是随着互操作性协议的广泛采用，将来可能会有更多项目建立在不同的区块链公有链上。

第四节　科技赋能金融行业，在技术周期中展望未来

一、金融科技对金融行业的数字化赋能

随着金融科技与金融行业的渗透和融合进一步深入，金融科技在赋能传统金融机构和金融业态，促进传统金融数字化转型的同时，也给传统金融带来不少挑战，引起政府、金融行业和社会不同程度的质疑。其质疑主要表现在几个方面，一是科技公司与金融机构合作开展的金融业务，或自身开展的某些金融服务，其本质上还是传统的金融吗？二是科技公司深度参与金融业务之后，是否会侵蚀传统金融机构的市场份额，导致一家独大？三是原有的监管金融机构的监管框架和手段是否还适用，监管如何应对此类大型金融科技平台（国际上称为大科技公司“Bigtech”）？

目前来看，金融科技赋能有四种基本模式：一是科技公司面向市场客户，自营金融业务（B2C 模式）；二是科技公司面向金融机构提供科技服务，帮助后者更好地开展金融业务（B2B2C模式）；三是金融机构加大自身科技投入、发展金融科技；四是金融机构在母体外单独成立金融科技子公司。后面两种模式是由金融机构发起的，有利于金融机构的数字化转型、提升金融服务质效，特别是有利于金融机构破解传统模式下的风控难题（过度依赖抵质押品），这是监管机构所乐于见到的。第一种模式，即 B2C 模式比较简单，如果科

技公司要自营金融业务，就要申请金融牌照，与其他持牌机构接受同样的监管规则，否则，就是违法、违规经营。问题最多、争议最大的是第二种模式，即 B2B2C 模式，以蚂蚁借呗、蚂蚁花呗等产品为例，从形式上看是 B2B2C 模式，但是由于蚂蚁集团在用户获取、风险控制等金融供应链的各环节上都不依赖其他机构，导致中间的 B（从事电子商务的企业）被弱化了，与其合作的金融机构退化为单纯的出资方，不仅数字化能力没有提升，还在市场业态中加速边缘化。而与此同时，监管机构依循原有的机构监管思路，管的还是金融机构而不是蚂蚁集团，从而构成了监管上的潜在风险[1]。

从科技公司的商业逻辑、经营模式出发，大举开展自营金融业务、专注于金融科技服务并不理性，原因有三点：一是互联网科技市场“以快取胜”，只有迅速扩展服务半径，才能扩大网络效应和规模效应，塑造自身竞争优势，而金融业务“稳字当头”，特别强调持牌经营和审慎监管，制约了科技公司的施展空间。二是科技公司与金融机构面临的政策约束条件、成本不同，如果科技公司定位为开展金融业务、接受持牌经营，将极大增加资本占用，而且极易触碰净资本等业务增长的“天花板”；相反，如果聚焦面向金融机构提供金融科技服务，形成广泛联结的金融科技服务平台，助力市场上已有的 4000 余家金融机构数字化转型，则市场空间更大。三是科技公司的发展规律是“越做越大”，如从特定场景下的金融科技服务转向更广阔场景下的数字科技服务，帮助各行各业降本增效；而长期自营金融业务容易“越做越窄”，难以形成更为突出的网络协同效应。在这种情况下，一些科技公司参与金融业务，包括以申请牌照的方式自营金融业务，从长期来看带有更多的“先行先试”的性质，目

1 朱太辉《金融数字化蝶变》。

的在于为其后续输出产品、技术解决方式跑通模式创造条件，而不代表在整体战略上发生变化。

尽管科技公司或许无意替代金融机构，但不能排除两者在融合发展过程中存在“跑偏”风险，需要引起监管者的特别重视。比如，科技公司实际掌握金融服务供应链的核心环节，使金融机构退化为资金渠道；科技公司泛化科技输出，使之拓展成为业务模式的输出，造成收益与风险错配；还存在个别大型科技公司诱导用户过度负债消费，加剧市场垄断和不公平竞争，增大金融风险的快速交叉传染，过度采集用户数据等问题。为了有效引导金融与科技的融合发展、规范 B2B2C 的合作形式和内容、防范“去金融中介化”等风险隐忧，金融科技监管不仅要保持存在，还应当加强监管[1]。

二、技术驱动下监管科技的探索和发展

监管科技与金融科技是数字化金融发展的“一体两翼”。监管科技是“辅助被监管机构提升合规效率和降低合规成本，同时辅助监管机构提升风险监测识别效率和降低监管工作量的技术应用解决方案的统称”[2]。监管科技作为金融科技多元化发展的细分领域，其快速兴起主要源于两个方面的驱动：一是金融机构和金融科技企业为满足监管合规要求的回应性举措，即“运用科技回应监管”；二是监管机构运用科技提升监管能力，丰富监管手段，即“运用科技赋能

1 金天《科技赋能金融行业前景展望》。

2 杜宁，沈筱彦，王一鹤《监管科技概念及作用》。

监管”[1]，其实质就是“科技驱动型监管”[2]。监管科技具有主体双重性、功能多元化、数字性、敏捷性、实时性、集中性和适应性等特征。监管科技一是能够有效提升金融监管能力，助力金融科技监管和金融数字化合规发展；二是推动促进金融监管理念、范式的转变，未来有发展成为金融基础设施的潜力。监管科技不仅是提升效率的工具，它还具备以近乎实时的方式监测、识别和应对金融风险的潜力，是推动金融监管范式转变的关键性变革，应该发展成为支撑整个金融行业的基础[3]。

就全球监管科技发展态势来看，德勤通过研究发现，2019—2020年，监管科技的发展呈现为以英国、美国为代表的欧美发达国家持续领先，以澳大利亚、新加坡等为代表的亚太地区奋起直追，南美地区如巴西逐渐兴起的态势。就监管科技业务方向的分布来看（见图 9.2），截至 2019 年，在全球 378 家监管科技企业中，从事合规咨询的约 155 家，从事用户身份识别管理的约 87 家，从事监管报告的约 53 家，从事风险管理的约 49 家，从事交易监控的约 34 家。

就全球监管科技投融资情况来看（见图 9.3），根据 RegTech Analyst[4]统计，2019 年全球监管科技投融资相比 2018 年更为强劲。2019 年监管科技投融资总额达 85 亿元，较 2018 年增长 89%，共发生 317 笔投融资业务，较 2018 年增长 93%。预计到 2022 年，全球监管科技市场规模将达到 1000 亿元。

---

1 孙国峰《发展监管科技构筑金融新生态》。

2 杨东《监管科技:金融科技的监管挑战与维度建构》。

3 引自 *RegTech and the Reconceptualization of Financial Regulation*。

4 风险和合规领域的研究平台。

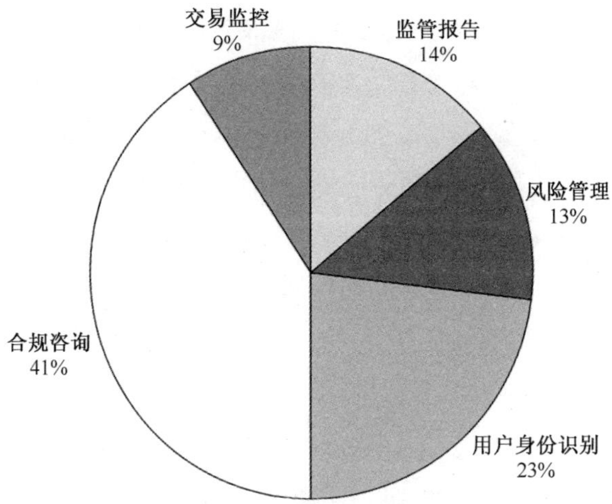

图 9.2　全球监管科技企业业务类型分布（截至 2019 年）

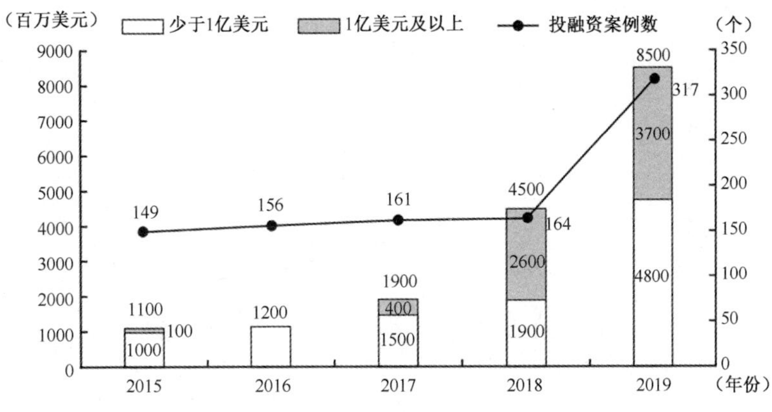

图 9.3　2015—2019 年全球监管科技投融资情况

监管科技覆盖的技术包括大数据、云计算、人工智能、区块链、5G 等；辐射范围包括但不限于银行业、证券业、保险业、支付结算、供应链金融、外汇管理、反洗钱、监管报告自动化生成等。

（1）云计算技术在监管科技中的应用。监管机构可以利用云计算作为高性能和易扩展的基础设施，部署原有监管科技手段，优化监管信息处理流程，提升信息处理速度；金融机构可利用云计算的高性能和易扩展性，将金融业务、风险控制系统逐步上云。

(2)大数据技术在监管科技中的应用。国际清算银行 BIS(2018)将监管科技的应用大致划分为数据收集（Data Collection）和数据分析（Data Analytics）[1]。证监会已经将大数据运用于识别和打击操纵市场、内幕交易等方面。

（3）区块链技术在监管科技中的应用。区块链技术被广泛运用于金融监管与机构合规的实践中。BIS（2019）提出“嵌入式监管”概念，将分布式账本技术（DLT）嵌入日常金融活动中，一方面使交易直接通过市场共识的规则执行完成，另一方面也大幅减少了接受合规性监管前的数据收集、验证工作。嵌入式监管一方面可以纳入以法律体系和监管机构为主的整体监管框架的一部分；另一方面使合规成本尽可能降低，并为各类企业提供公平的竞争环境。

（4）人工智能与监管科技的有机结合，使得监管手段更加多样化，监管效率更高。我们可以通过联邦学习解决数据安全隐私问题，完成数据不出库的多方建模；运用机器学习、知识图谱辅助投资研究及解决舆情监控问题，可有效进行投研监控和舆情监测，加强金融机构风险控制系统建设，降低合规成本。

以下是我国未来发展监管科技的可能方向：

1. 建立监管科技标准规则和基础设施体系

监管科技应用涉及大量的数据、系统和业务规则，应加强监管

---

1 陶峰，万轩宁《监管科技与合规科技：监管效率和合规成本》。

科技标准化顶层设计，从基础标准、技术标准、应用标准、管理标准等方面健全监管科技标准化体系。未来，监管机构应构建以技术应用为中心的基础设施制度体系，包括监管规则数字化转换制度、监管应用平台保障制度、监管数据自动化采集制度、监管科技协同合作制度、智能化的网络安全保障设施等，并制定包括监管政策、实施要求、运行数据定义，以及监管科技本身的技术应用标准规范。

2. 健全优化监管科技应用的金融数据治理机制

监管科技的发展要优化金融数据制度，一是加强金融数据标准法治化建设，二是保障数据安全，实现数据的选择性共享，三是构建技术化的数据规则。同时，加强链上和链下数据治理，加强链下数据治理的评估与监督，防止短板效应；参照主数据管理理论，开展链上数据治理。此外，在监管科技运用中，要重视数据保护规则体系的构建，一是向客户提供数据共享和隐私通知，向客户描述信息共享政策并告知客户其权利；二是在使用客户相关信息时，应根据需要获得客户的知情和同意；三是完善数据共享规则体系，分级分类授权使用，对第三方数据控制者和处理者进行严格限制和规范。

3. 加强监管科技政策衔接与机制协同，强化风险防控

监管科技作为金融监管的新范式，并没有改变监管的本质。监管理念与金融创新协同演进，成为未来金融科技和监管科技发展的不二选择[1]。在此基础上，探索完善监管科技的协同机制，在监管机构层面，要强化监管科技顶层设计，推动金融科技规范、有序发展，监管部门应协调合作机制，完善监管科技运用的基础设施，搭建数据共享平台或“监管数据库”；在技术层面，将监管科技与金融科技

1 黄震，张夏明《金融监管科技发展的比较:中英两国的辨异与趋同》。

有机结合，加快基于新技术的监管科技工具开发，以现代科技完善和升级金融监管手段。此外，还要重点关注监管科技风险防控，适时开展系统测试和优化，加强对监管科技的内部审计和外部监管，辅助对监管科技应用结果的必要人工复核，提高监管科技的系统透明度。

后 记

本书得以出版，首先要感谢两位联名作者杨芳和张夏明。这两位作者都曾是我的同事，杨芳担任过知名媒体机构凤凰网财经的首席记者，对财经、金融、科技等领域有深入观察和独到见解，承担了本书宏观经济、数字科技、线上营销运营等内容的撰写工作；张夏明在著名高校中央财经大学从事理论研究工作，对与金融科技等相关的政策法规研究有长期的深厚积累，承担了本书行业发展趋势分析，以及支付、保险等细分行业转型内容的撰写工作。他们在写作过程中，注入了大量在行业实践中获得的观察与思考，补充了许多新鲜案例，让我本人亦受益良多。

在写作过程中，我们还得到了多位朋友的积极参与和大力支持，在此一并致谢。其中，唐艳红、李延东、张月、王琳等在流量运营、支付、保险、企业信贷等方面提供了丰富的文章素材；戴祎诚、王晶、何浩铭等提出了诸多有益建议；韩雨萌、赵敏求、殷龙睿参与了本书部分内容的编辑校对工作。此外，还要感谢合作伙伴四川香阅天下文化传播有限公司及电子工业出版社各位编辑老师为本书的出版付出的努力。

最后，特别感谢任泽平老师亲自撰序推荐，衷心感谢马蔚华行长、管清友院长、吴晓波老师和秦朔老师四位领导和前辈对本书内容的肯定，感谢过去几年来沈建光、朱太辉、李萌、盘和林等领导和老师对我们工作上的悉心指导和帮助，感谢中南财经政法大学数字经济研究院、中央财经大学金融法研究所、中央财经大学金融科技法治研究中心、凤凰网财经研究院、看懂经济研究院、西泽研究院、《零售银行》等机构的老师对本书的支持与建议，感谢政商学界各位朋友对本书的关注。

金天

2021 年 8 月

图书在版编目（CIP）数据

数字金融：金融行业的智能化转型 / 金天，杨芳，张夏明著. —北京：电子工业出版社，2021.10

ISBN 978-7-121-42033-7

Ⅰ. ①数… Ⅱ. ①金… ②杨… ③张… Ⅲ. ①数字技术－应用－金融业－研究－中国 Ⅳ. ①F832-39

中国版本图书馆 CIP 数据核字（2021）第 192568 号

责任编辑：黄　菲　　　文字编辑：刘　甜
印　　刷：天津千鹤文化传播有限公司
装　　订：天津千鹤文化传播有限公司
出版发行：电子工业出版社
　　　　　北京市海淀区万寿路 173 信箱　　邮编：100036
开　　本：720×1 000　1/16　印张：17.75　字数：286 千字
版　　次：2021 年 10 月第 1 版
印　　次：2021 年 10 月第 1 次印刷
定　　价：78.00 元

凡所购买电子工业出版社图书有缺损问题，请向购买书店调换。若书店售缺，请与本社发行部联系，联系及邮购电话：（010）88254888，88258888。

质量投诉请发邮件至 zlts@phei.com.cn，盗版侵权举报请发邮件至 dbqq@phei.com.cn。

本书咨询联系方式：1024004410（QQ）。